삶의
무기가 되는
글을 씁니다

삶의 무기가 되는 글을 씁니다

초판 1쇄 발행 2023년 9월 8일

지은이 박준완
펴낸이 장길수
펴낸곳 지식과감성#
출판등록 제2012-000081호

교정 김지원
디자인 오정은
편집 오정은
검수 김서아, 윤혜성
마케팅 김윤길

주소 서울시 금천구 벚꽃로298 대륭포스트타워6차 1212호
전화 070-4651-3730~4
팩스 070-4325-7006
이메일 ksbookup@naver.com
홈페이지 www.knsbookup.com

ISBN 979-11-392-1281-5(03810)
값 16,700원

- 이 책의 판권은 지은이에게 있습니다.
- 이 책 내용의 전부 또는 일부를 재사용하려면 반드시 지은이의 서면 동의를 받아야 합니다.
- 잘못된 책은 구입하신 곳에서 바꾸어 드립니다.

지식과감성#
홈페이지 바로가기

삶의
무기가 되는
글을 씁니다

박준완 지음

"글은 사람의 마음을 움직이는
마법같은 힘이 있습니다."

목차

[프롤로그] 10

PART 1 | 첫 번째 무기

예쁜 꽃	14
상대의 무례함에 그냥 참고 넘어가면 어떻게 되나요?	16
인간관계	18
부정적인 생각 다스리기	20
마음을 편안하게	23
대화를 나눌수록 마음이 불편해지는 사람	24
쓸모 있는 노력	26
상대의 무례함에 왜 단호히 대처를 해야 하나요?	28
이미 지난 상처가 내 마음을 자꾸 아프게 할 때	30
글 쓰는 게 설레어요	33
상처가 많은 사람	36
무례한 사람에게는 무례하게 대접하라	38
피아노와 손 부상의 관계	40
지나간 과거	42
편두통	44
곁에 두세요	47
불안 다스리기	48

화가 날 땐 반드시 화를 내라	52
왜 저 사람은 나를 싫어하지?	54
지금 이 순간의 소중함	56
어휘력	58
금방 잊혀지는 분노와 아주 오래가는 분노	62
즉흥환상곡	64
내 모습	67
한 아이	70
쓸데없는 말	73
박쥐 같은 사람을 멀리하세요	76
우리가 높은 곳으로 올라가야 하는 이유	78
항상 이기려고 하지 마라	80
두려움	82
또라이	84
소중한 사람에게 화풀이하지 마세요	86
기적	88

PART 2 | 두 번째 무기

인생은 누더기 아가씨처럼	92
포경 수술	95
직장 상사가 나에게 함부로 대할 땐 이렇게 하세요	98
나를 지키려면	101
꿈이 있는 사람과 꿈이 없는 사람은 뭐가 다른가요?	102
숙면을 취하고 싶다면	104
1cm만 다르게 보면 인생이 조금은 달라집니다	109
늦잠을 자면 우울해집니다	112
라섹	115
이런 남자와는 연애하지 마세요	118
배려심	120
왜 학생들은 공부를 열심히 해야 하나요?	122
아침에 일찍 일어나는 걸 방해하는 악당	124
오해가 생겼을 때는 어떻게 해야 하나요?	126
두 개의 루비	128
열심히 노력했지만 성과가 나오지 않을 때	130
근본이 못돼 먹은 사람은 가까이해서는 안 됩니다	134
커피	136
최선을 다했지만 성공하지 못한 이유는 무엇인가요?	138

장난을 심하게 치는 사람은 가까이하지 마세요	140
운이 좋은 사람은 왜 운이 좋은 건가요?	142
예의를 모르는 것들	145
당신을 치유해 줄 마법의 물약	146
독서실 빌런	148
우리가 행복하려면	149
무례한 사람이 되지 말고 카리스마가 있는 사람이 되세요	150
성공에 가까워지는 사람을 끌어내리려는 사람	154
셋이서 대화를 나눌 때의 맹점	156
자신만의 루틴이 있는 사람	158
남에게 피해 주고 살지 마세요	160
그냥 하세요 일단	162
성인군자처럼 대화하는 방법	164
나 자신과의 싸움	169

PART 3 | 세 번째 무기

10대는 우정, 20대는 사랑	174
키 높이 깔창	178
무례한 자의 최후	181
핸드폰을 갖다 버려라	182
어? 부딪힐 것 같은데?	184
불친절한 점원이 인사를 쌩깔 때는 이렇게 하세요	186
난독증	188
왜 우리는 어릴 때 자주 아팠을까요?	191
강연 시간에 갑자기 나에게 질문하면 떨려요	194
앞에서 담배를 피우며 걸어가는 사람	196
강박증 다스리기	198
나보다 잘난 사람과 비교하지 마라	200
복수하지 않고도 마음이 편해지는 방법	204
말도 안 되는 어려움이 닥쳐왔을 때	208
하루를 좀 더 기분 좋게 보내는 방법	211
상대에게 잘해 줬지만 그 사람과 친해지지 못했다면	214
하룻밤 자고 나면	216
생각만 해도 설레이고 가슴 뛰는 일을 하세요	218
아침은	220

두 번 고통받지 마라	222
이것저것 하지 말고 하나를 완벽히 하세요	223
오늘 밤만큼은	226
독서 안 하면 안 되나요?	227
성공한 사람의 조언만 들으세요	230
상처가 없는 사람은 없습니다	232
내가 아끼는 사람이 꿈을 이룰 수 있게 해 주는 방법	234
성대	236
불안한 생각과 걱정	240
정신 병원에 가야 할 사람	243
아무 이유 없이 불안하다면	244
스무 살이 된 동생들에게 해 주고 싶은 말	245
보물 상자	248
[에필로그]	250

[프롤로그]

이 마법 같은 힘을
당신에게도 전해 드리고 싶습니다

20대 후반 늦은 나이에 배우라는 꿈을 품고
6년간 연기 공부를 하며
대학로에서 연극을 계속해 왔습니다.

월급 50만 원씩 받으면서도
무대 위에 서면 행복했습니다.
"그래도 내가 내 꿈을 위해
열심히 살고 있구나"라는 생각 때문이었죠.

하지만 코로나가 터지면서 일을 쉬게 되었고,
그때 연극영화과 입시에도 실패하면서
자존감이 바닥을 쳤습니다.
아니 바닥을 뚫고 지하 밑으로 내려가
마치 무저갱에 떨어지는 것 같았습니다.

그래서 인생에 대한 해답을 얻고자
책 속에 파묻혀 살게 되었습니다.
한 1년은 매일 새벽 4시에 일어나 밤 10시까지
책만 읽었던 것 같습니다.

그렇게 2년간 책 속에 파묻혀 살다 보니
어느 순간 제가 글을 쓰고 있었고
1년 6개월간 글쓰기에 매진하게 되면서
하나의 글이 완성되게 되었습니다.

글은 사람의 마음을 움직이는
마법 같은 힘이 있습니다.
이 마법 같은 힘을
당신에게도 전해 드리고 싶습니다.

PART 1

첫 번째 무기

예쁜 꽃

사람은 누구나
하나의 씨앗을 가지고 태어난다고 합니다.

예쁜 꽃이 되라 강요하지 않아도
적당한 물과 햇빛이 주어진다면
각자 저마다의 아름다운 꽃을 피우게 되고
좋은 향기를 내뿜게 된답니다.

그러니 남과 비교하며 너무 조급해하지 마세요.
조급해하면 금방 넘어지고 맙니다.

그냥 자신이 하고 싶은 일을
할 수 있는 만큼만 담담히 해 나간다면
나만의 기적을 일으킬 수 있습니다.

옛말에 "굼벵이도 구르는 재주가 있다"라는

속담이 있습니다.
아무리 하찮아 보이는 사람일지라도
분명 하나의 재주가 있다는 말입니다.

그러니 예쁜 꽃이 되어서
당신의 재능을 이 세상에 보여 주세요.

상대의 무례함에 그냥 참고 넘어가면 어떻게 되나요?

심리학의 거장인 지그문트 프로이트는
"억눌린 감정은 절대 사라지지 않고
나중에 추하게 드러난다"라고 했습니다.

여기서 '억눌린 감정'은
상대의 무례한 말과 행동으로 상처를 받았는데
그냥 참고 넘어가는 것입니다.
상대의 무례함에 그냥 참고 넘어가면
억눌린 감정이 생깁니다.
'나중에 추하게 드러난다'는 것은
억눌린 감정이 쌓이고 쌓이다 보면
어느 순간 곪아 터지게 되는데
그것이 화병이나 우울증으로
나타나게 되는 것입니다.

그러니 상대의 무례함에
절대로 그냥 참고 넘어가서는 안 됩니다.

상대의 무례함에 참고 넘어가면
내 몸과 마음이 무기력해질 뿐입니다.

상대가 무례하게 굴 때는
상대의 무례함을 지적하고
단호하게 반발해야 합니다.

즉각적으로 반발이 어렵다면
핸드폰 문자로라도 표현하면 됩니다.

그럼 억눌린 감정 따위는 생기지 않습니다.
표현을 함으로써 내 마음을 지켰기 때문이죠.

여러분 모두 표현만 잘하면
데일 카네기가 될 수 있습니다.

인간관계

인간관계에서 가장 중요한 건
서로의 감정이 다치지 않는 겁니다.

그러니 감정이 상하는 일이 생기면
반드시 대화를 통해서 오해를 풀고
서로의 감정이 다치지 않아야 합니다.

그게 중요합니다.
서로의 감정이 다치지 않는 것.

표현을 하지 않고 대화를 하지 않고
감정이 다친 채로 마음속으로 끙끙 앓고 있으면
서로에게 상처만 남을 뿐입니다.

서로에게 상처만 남는 것보다는
서로의 감정이 다치지 않는 게
훨씬 좋지 않겠습니까?

심리학의 3대 거장 중 한 명인 알프레드 아들러는
"우리의 모든 고민은 인간관계에서 비롯된다"
라고 했습니다.

그러니 행복한 삶을 위해서는
인간관계를 잘 이끌어 나가야 하고,
인간관계에서 가장 중요한 건
서로의 감정이 다치지 않는 겁니다.

부정적인 생각 다스리기

부정적인 생각이 자꾸 떠올라
괴로워하는 사람들이 많습니다.

저 역시 그랬습니다.
일어나지도 않을 일을 마치 일어날 것처럼
불안해하고 걱정하며 보낸 시간들이
참 많았어요.

우리 뇌에 편도체라는 부위가 있는데
여기에서 부정적인 생각이 만들어진다고 해요.
그러니 우리 뇌에 편도체가 있는 한,
이 부정적인 생각을 원천 봉쇄할 순 없습니다.

다만 부정적인 생각이 무의식의 영역에서
의식의 영역으로 넘어오는 순간
우리는 그걸 알아차릴 수 있습니다.

알아차렸을 때,
부정적인 생각을 자꾸 억제하려고 하거나,
해결책을 강구하려고 하면 안 돼요.
왜냐면 그럴수록 부정적인 생각이
꼬리에 꼬리를 물고 더욱 커져 버리거든요.

이 부정적인 생각이 너무 커져 버리면
정신적 탈진으로 인해
그날 하루를 망치게 됩니다.
식은땀이 나고, 무기력해지며,
아무것도 할 수 없게 됩니다.

우리가 부정적인 생각에 대해
아무리 합리적인 대책을 세워도,
우리의 뇌는 그 합리적인 대책을 뛰어넘는
또 다른 부정적인 생각을 만들어 냅니다.

그러니 부정적인 생각을
절대로 억제하려고 하지 마세요.

대신 이렇게 해 봐요.
부정적인 생각이 떠올랐을 때,
그 생각에 반응을 하지 않으면 됩니다.
그럼 그 부정적인 생각은
자연스럽게 사라진답니다.
완전히 사라지는 것은 아니고
다시 무의식의 영역으로
쏘옥 들어가는 것이죠.
물론 언제든지
다시 의식의 영역으로 넘어올 순 있지만
우리는 걱정할 필요가 없습니다.

왜냐하면,
그 생각에 반응을 하지 않으면 되니까요.

마음을 편안하게

사람은 마음이 편하면
종일 걸어도 힘들지 않은 법이랍니다.
물론 실제로는 종일 걸으면 힘들겠죠?(웃음)

하지만 마음이 편하니 종일 걸을 수 있는
힘과 의지가 생기는 것이죠.

그러니 내 마음을
조금이라도 불안하게 만드는 사람은
곁에 두지 말고,
항상 마음을 편안하게 가지세요.

대화를 나눌수록 마음이 불편해지는 사람

상대방과 얘기를 나누다 보면
마음이 편해지는 사람이 있는 반면,
뭔가 기가 빨리고 마음이 불편해지는
사람도 있습니다.

마음이 편해지는 사람은 그냥 그런 것이 아니고,
그 사람이 당신을 존중해 주고 있기 때문에
마음이 편해지는 것입니다.
당신의 말을 경청해 주고
당신의 말을 공감해 주는 데
많은 에너지를 쓰기 때문에
그만큼 당신의 마음이 편해지는 것입니다.

반대로 뭔가 기가 빨리고
마음이 불편해지는 사람은
그냥 그런 것이 아니고,

그 사람이 당신을 존중해 주지 않기 때문에
그런 겁니다.
그 사람은 당신의 말을 경청하지 않고
자기 말만 해 댑니다.
그리고 교묘한 말로 당신의 꿈을 폄하하고
당신의 좋은 점을 무시합니다.
그리고 별로 궁금하지도 않은
자기 자랑만 늘어놓으니
듣는 사람은 피로도가 쌓이게 됩니다.
그래서 뭔가 기가 빨리고
에너지를 빼앗기는 듯한 느낌을 받는 것이죠.

여러분은 상대방에게
마음이 편해지는 사람인가요?
아니면, 마음이 불편해지는 사람인가요?

쓸모 있는 노력

여태껏 실패했을지라도,
당신이 해 왔던 노력은 결코 헛되지 않습니다.
왜냐하면 언젠가는
그 노력들이 빛을 보게 되는 날이 올 테니까요.

애플을 창업한 스티브 잡스는
"앞만 내다봐서는 점들을 이을 수 없다. 뒤를 돌아봐야만 당신이 지금까지 찍어 온 점들을 이을 수 있다. 그러니 내가 찍은 점들이 미래에 어떻게든 연결된다는 것을 믿어야 한다"라고 했습니다.

쉽게 풀이하면,
여태껏 실패해서 내가 해 왔던 노력들이
지금 당장은 헛되이 보일지라도
나중에는 그 노력들이 하나로 이어져
성공이라는 원을 이루게 된다는 말입니다.

여러분!
쓸모없는 노력이란 없습니다.
다 쓸모가 있습니다.
아직 노력의 퍼즐이
완성본으로 맞추어지지 않았을 뿐입니다.
그러니 너무 결과에 연연해하지 마세요.

최선을 다했다면 당신은 이미 승리자입니다.

상대의 무례함에
왜 단호히 대처를 해야 하나요?

우리는 상대의 무례함에
단호히 대처할 줄 알아야 합니다.
왜냐하면 단호히 대처하지 못하면
내 몸과 마음이 무기력해지고
기분이 불쾌해지기 때문입니다.

이게 그 순간만 기분이 나쁘면 그래도 괜찮은데,
시간이 지나도 상대의 무례했던 행동이 떠올라
내 마음을 불쾌하게 만들기 때문입니다.

그리고 나중에
상대를 다시 만났을 때를 가정하며
"상대방이 또 무례한 행동을 하면
어떻게 대처하지?"라고
자꾸 걱정을 하며 시뮬레이션을 돌려 봅니다.

이런 걱정은 내 정신 건강에도 안 좋고
내 몸을 긴장하게 만들어서
혈액 순환을 방해하니
육체적 건강에도 안 좋습니다.

그러니 상대가 무례하게 할 때는
반드시 상대의 무례함을 지적하고
단호히 대처를 해야 합니다.

그래야 정신 건강에 좋습니다.

이미 지난 상처가
내 마음을 자꾸 아프게 할 때

누군가 나에게 상처를 줘서
마음이 아프다고 칩시다.
근데 그 상처가 시간이 지나도 아물지 않고
내 마음을 계속 아프게 한다면
그때는 한번 이렇게 해 봐요.

세계 4대 성인 중 한 사람인 공자님께서
이렇게 말씀하셨습니다.
"어진 사람은 상대의 허물을 마음속에 두지 않는다. 상대를 원망하는 마음을 품지 않고 오직 사랑할 뿐이다."

그렇습니다.
이미 지난 일을 자꾸 되새겨서 분노해 봤자,
나만 손해입니다.
분노할수록
내 몸 안에 부정적 기운이 감돌게 되고

이 부정적 기운이
내 정신 건강에 매우 좋지 않고
나를 무기력하게 만듭니다.

또 세계 4대 성인 중 한 사람인 예수님께서도
이렇게 말씀하셨습니다.
"너희 원수를 사랑하고 너희를 박해하는 자를 축복하라."

물론 우리는 성인군자가 아니기에
나에게 상처 준 사람을 사랑하고 축복하는 것은
매우 어려운 일입니다.

하지만 용서는 얼마든지 할 수 있습니다.
그러니 용서하세요.

용서를 하면

내 마음의 상처를 줄일 수 있습니다.
더 나아가 나에게 상처 준 사람을
사랑하고 축복하기까지 한다면
우리는 마음의 상처를 최소로 줄일 수 있습니다.

아니… 사랑하고 축복한다면…
마음의 상처를 완전히 없앨 수 있을 것입니다.

글 쓰는 게 설레어요

여태껏 인생을 살면서 뭔가에 도전했을 때
저에게 세 번의 큰 설레임이 있었습니다.

첫 번째는
쇼팽의 즉흥환상곡을 처음 배울 때이고
두 번째는 무대 위에 서서
관객들에게 첫 연기를 선보일 때이고
세 번째는 바로 지금 글을 쓰는 순간이에요.

요즘 글을 쓰는 게 참 행복합니다.

매일 새벽 5시에 일어나
"오늘은 어떤 글을 쓸까?"를 생각하면
마구마구 설레이고
또 자기 전에
"내일은 어떤 글을 쓰게 될까?"를 생각하면
마구마구 설레어요.

하지만 누군가는 이렇게 생각할지도 몰라요.
"아직 성공해 보지도 못한 놈이 무슨 놈의 글을 쓰냐? 네가 쓴 글을 누가 보냐? 당장 때려치워라"라고요.

하지만 전 그렇게 생각하지 않아요.

위대한 과학자나 철학자들이 발견한 법칙들만
훌륭한 것이 아니고
우리 민초들의 삶에서 겪게 되는
저마다의 소중한 경험도
훌륭한 법칙이 될 수 있다고 생각하거든요.

제가 가장 좋아하는 작가님인
사이토 히토리님께서도
삶의 지혜를 발견하거나, 좋은 정보를 얻으면
꼭꼭 숨겨서 혼자만 알지 말고
여러 사람에게 공유하라고 하셨어요.

그래야 사람들 머리에 전구가 켜지고
이 지구라는 별이 반짝반짝 빛날 테니까요.

상처가 많은 사람

상처가 많은 사람은
또 상처받을지도 모른다는 두려움 때문에
가면을 쓰곤 합니다.
일부러 무표정을 짓는 것이죠.

원래는 밝고 잘 웃는 성격이지만
상대가 나를 만만하게 볼까 봐
일부러 무표정을 짓는 것이죠.
상대가 선을 넘는 행동을 할까 봐
그러면 화를 잘 못 내는 나는
또 상처를 받으니
일부러 무표정을 짓는 것이죠.

내 마음이 다치지 않게 하기 위해서요.

하지만 누군가는 이런 모습을 보고
"아, 이 사람은 원래 그늘진 사람이구나."
"원래 무뚝뚝한 사람이구나"라고 오해를 합니다.

원래는 아주 여리고 따뜻한 사람일텐데 말이죠.

더 이상 이런 오해가 생기지 않으려면,
삼청교육대를 부활시켜서
무례한 자들을 싹 다 처넣어야 합니다.

무례한 사람에게는 무례하게 대접하라

이 세상에는 상대방을 배려하고 존중하느라
나 자신이 손해 보는 것을 감수하는
착한 사람들이 많습니다.

하지만 이런 배려와 존중은
상대방이 기본적인 인성이 갖추어진 사람일 때
하는 것입니다.
무례한 사람을 배려하고 존중하느라
내 마음에 상처를 줘선 안 됩니다.

중국 고전인 《채근담》에 보면
이런 말이 나옵니다.
"상대방이 나를 해하려 하거든, 온화하고 진실된 마음으로
상대방을 감화시켜라."

좋은 말씀이긴 하지만
이건 어디까지나 이론일 뿐입니다.

이론과 실전은 다릅니다.

실전에서 무례하고 비열한 자에게
온화한 마음으로 감화시키려다가는
내 마음만 만신창이가 될 뿐입니다.

그러니 무례하고 비열한 자에게는
그에 걸맞는 대우를 해 줘야 합니다.

그래야 이 세상이 정의로워집니다.

피아노와 손 부상의 관계

저는 중학생 때 친구와 장난을 치다가
창문이 깨지면서 손등이 찢어져
봉합수술을 받은 적이 있습니다.
그리고 고등학생 때 객기를 부리다가
칠판을 주먹으로 세게 쳤는데
4, 5번 손등 뼈가 부러져서
뼈 맞추는 수술을 받은 적이 있습니다.

다행히 수술은 잘되었고
일상생활에는 전혀 지장이 없지만
피아노 연주를 할 때면
오른손이 마비 증상이 있습니다.

피아노 연주를 하며 많은 위로와 힐링을 받지만
아이러니하게도 피아노 연주를 할 때
마비 증상으로 인해 울적할 때가 많습니다.

우리의 손은 수많은 근육과 힘줄, 신경 등이
유기적인 결합에 의해 이루어져 있습니다.
손가락으로 피아노 건반을 한 번 타건할 때마다
수많은 근육과 힘줄 등의 작용이 이루어지죠.
피아노 연주를 하는 건
손의 아주 미세한 작업이기 때문에
만약 수술을 할 정도로 손등을 다치게 되면
연주에 큰 문제가 생기게 됩니다.

그러니 피아노를 좋아하거나
피아니스트가 꿈인 분들은
절대로 손등을 다쳐선 안 됩니다.

우리의 인체는 한번 손상되면 미세한 부분까지
100% 완전 회복은 불가능합니다.

그러니 항상 안전에 유의하시고
자신의 몸을 아껴야 합니다.

지나간 과거

과거의 일에 너무 얽매여 있지 마세요.

과거에 내가 했던 실수와 후회되는 행동들에
너무 매몰되어 있으면
온몸이 무기력해지고
불안 증세만 커질 뿐입니다.

우리는 사람이기에 실수도 하고
후회되는 행동도 하며 살아갑니다.
실수 안 하는 사람이 어디 있나요?
털어서 먼지 안 나오는 사람이 어디 있나요?
실수를 했으면 거기서 뭔가를 배우면 될 것이고
후회되는 행동을 했으면
반성을 통해 깨달으면 된 것이죠.

미국의 유명한 시인이었던
헨리 워즈워스 롱펠로는 이런 말을 남겼어요.

"죽은 과거는 묻어라. 오로지 살아 있는 현재에 충실하라"
라고요.

그러니 과거에 얽매여
소중한 현재를 낭비하지 마세요.

이미 지나간 과거에 붙잡혀 살면
무기력과 불안, 자책감만 커질 뿐입니다.

대신 현재의 순간에 집중하고,
현재의 순간에 충실하면
어떠한 역경과 고난이 와도
가장 지혜롭고 슬기롭게
대처할 수 있을 거라 믿습니다.

편두통

저는 고등학교 1학년 때부터
전조 증상이 있는 편두통을 앓아 왔습니다.

저의 전조 증상은 눈앞에 빛이 번쩍거리면서
사물이 찌그러져 보이는 증상입니다.
이 전조 증상이 10분간 유지되다가
갑자기 머리가 깨질 듯이 아파 오는데,
이게 바로 전조 증상이 있는 편두통입니다.

저 같은 경우는 2달에 한 번 정도
편두통이 왔는데
속도 메스껍고 머리도 아프고
여간 괴로운 게 아닙니다.
또 중요한 날에 편두통이 오면 어쩌나 하고
걱정도 많이 했던 것 같아요.

하지만 지금은 치유가 되었습니다.

제가 매일 아침 채식을 하는데,
채식을 한 이후로
편두통 증상이 호전되었습니다.

제가 지금 하루 한 끼 채식을 한 지 8년 됐는데,
8년 동안 편두통이 딱 한 번 왔습니다.

저는 케일, 양배추, 청경채, 사과를
주 식단으로 해서 여러 가지 채소와 과일을 먹습니다.

케일은 생으로 먹고
양배추와 청경채는 데쳐서 먹고
사과는 껍질째 먹습니다.
그리고 처음 채식을 했을 때
씨베리움 캡슐과 나라믹 정을

한 번 복용했습니다.
그리고 집 근처 공원에 가서
매일 달리기도 했습니다.

사람마다 체질이 다르겠지만
편두통으로 고생하시는 분들에게
조금이라도 도움이 됐으면 좋겠습니다.

곁에 두세요

나를 시기하고 질투하는 사람을 멀리하세요.
말을 함부로 하는 사람을 멀리하세요.
진심이 없는 사람을 멀리하세요.

물건에만 '짝퉁'이 있는 것이 아니고
사람도 '짝퉁'이 있습니다.
바로 진심이 없는 사람들이죠.

대신… 나의 슬픔을 자기의 일처럼 아파하고
나의 기쁨을 자기의 일처럼 기뻐하는 사람을
곁에 두세요.

당신 곁에 이런 사람이 한 사람이라도 있다면
당신은 행운아입니다.

불안 다스리기

평소에 불안을 자주 느껴 고민이신가요?

하지만 걱정하지 마세요.
사람이라면 누구나 불안을 느끼며 살아갑니다.

우리의 뇌에 편도체라는 부위가 있는데
여기에서 부정적인 감정들을 주관합니다.
그래서 누구나 불안을 느끼는 것이죠.
보통 불안한 생각이 떠올랐을 때
"아 이런 생각도 드는구나?" 하고
대수롭지 않게 넘어가는 사람들이 있는 반면
"아 어떻게 하지?"라며
크게 걱정하는 사람들이 있습니다.

물론 특정 원인이 되는 일이 있어서
불안을 느끼는 거라면
특정 원인을 해결하는 게 중요하겠지만
그게 아니라면,
일어나지도 않을 일을 쓸데없이 걱정하거나
그 불안한 생각을 자꾸 억제하려고 하기 때문에
불안감이 더욱 증폭되는 것입니다.

가장 좋은 해결책은
불안한 생각이 떠올랐을 때
그 생각에 반응을 하지 않는 겁니다.
그러면 그 불안한 생각은
자연스럽게 사라집니다.

세계를 뒤흔든 종교 개혁자 마틴 루터가
말한 것처럼,
불안한 생각이 머리를 스치는 건
새가 머리 위를 나는 것과 같아서
막을 순 없지만
새가 머리 위에
둥지를 틀지 못하게는 할 수 있는 것처럼
불안한 생각이
나를 망치지 못하도록 할 수는 있습니다.

그러니 불안한 생각이 떠오르면
그 생각에 반응을 하지 마세요.
그럼 됩니다.

만약 그래도 계속 불안한 생각이 떠오른다면
이거 하나만 기억해 주세요.

불안을 완전히 해결하는
만능 치트키 같은 건 없습니다.
그냥 넘어지면 다시 일어서면 됩니다.

그뿐입니다.

화가 날 땐 반드시 화를 내라

상대가 무례하게 굴어서 화가 날 땐
반드시 화를 내야 합니다.

화를 그냥 참고 넘어가면
억눌린 감정이 생깁니다.
이 억눌린 감정들이 쌓여
나중에 화병이나 우울증으로 나타나게 됩니다.

하지만 부처님께서는
화를 내지 말라고 하십니다.
"화를 내는 것은 뜨거운 석탄을 손에 쥐는 것이니 결국 내 몸을 데이게 한다는 것이죠."
부처님께서는 성인군자이기에
화를 억누르는 것이 가능했을지 몰라도
우리들은 그렇지 않습니다.
우리들은 성인군자가 아닌
보통의 일반 사람입니다.

보통의 일반 사람이 억울한데도 화를 억누르다 보면
우울증이나 화병이 생길 수 있습니다.
제 말은 부처님의 말씀이 틀렸다는 것이 아니고
각자의 상황에 맞게 사용하라는 얘기입니다.

자신의 삶에 성인군자의 말씀을 적용시켜 보고
도움이 되면 계속 활용하고
도움이 되지 않으면
과감히 내려놓아야 합니다.

우리에게 중요한 건 실전이지, 이론이 아닙니다.
이 험난한 세상 속에서 살아남으려면
실전에 강해야 합니다.

그러니 상대가 무례하게 굴 땐
본때를 보여 줘야 합니다.

그래야 이 세상이 정의로워집니다.

왜 저 사람은 나를 싫어하지?

어떤 하나의 주장이 있다면
반드시 그에 반대되는 주장이 있기 마련입니다.

두 의견이 충돌하면서
걸러 낼 건 걸러 내고
취합할 건 취합해서
보다 높은 차원의 지식이 생성되고
혁신이 일어납니다.

이걸 우리는 헤겔의 변증법인
'정반합'이라고 부릅니다.
이 세상은 이렇게 '정반합'에 의해
계속 발전해 왔습니다.

적절한 비유일진 모르겠지만
사람도 이와 마찬가지입니다.

나를 좋아하는 사람이 있다면
나를 싫어하는 사람도 반드시 있기 마련입니다.

"왜 저 사람은 나를 싫어하지?"라는
일고의 가치도 없는 쓸데없는 생각에
정신적 소모 하지 말아 주세요.

그냥 우리는…

우리는 그냥
나와 파장이 맞는 사람들하고 잘 지내면 됩니다.

그뿐입니다.

지금 이 순간의 소중함

10대, 20대 때는 세상 무서운 줄 모르고
천둥벌거숭이마냥
제법 깡다구 있게(철없게) 살아왔던 것 같은데,
30대가 되니 초등학생과 싸워도 질 정도로
마음이 약해져(무너져) 버린 것 같아요.

실은 나이 때문에 그런 것이 아니고
책을 읽을수록 내면이 성숙해지면서
지난날의 나의 어리석었던 삶의 모습,
후회스러운 행동들이 떠올라 자책하는 것이죠.

여러분!
시간은 되돌릴 수 없고,
이미 지나간 시간은 다신 오지 않습니다.

그러니 지금 이 순간순간을,
현재를 소중히 보내셔야 해요.

우리네 인생은
매 순간 승부가 펼쳐지곤 합니다.

순간의 소중함, 현재의 소중함을
모르는 사람에겐
반드시 그 대가를 치르는 날이 오게 됩니다.
그것도 아주 가혹하게요.

그때서야 후회하면 이미 늦습니다.

그러니 정신 바짝 차리고
지금 이 순간의 소중함을 날려 버리지 마세요.

어휘력

저는 20대 초반에
한국어문회에서 한자 자격증을 취득하기 위해
5개월 정도
한자 공부에 몰두한 적이 있었는데요.
그때 한자 공부를 해 놓은 게
지금 책을 읽고 글을 이해하는 데
정말 많은 도움이 되더라고요.

왜냐하면 우리말의 70% 정도가
한자어로 되어 있거든요.
그래서 어휘를 습득하는 데
많은 도움이 되고 있습니다.

물론 저는
어휘력과 문해력이 많이 낮은 편이에요.
어릴 때 책을 거의 안 읽었거든요.

한자도 성인이 돼서 공부했고요.
그래도 한자 공부라도 해 놨으니 망정이지,
한자 공부도 안 해 놨으면
완전 문맹아가 될 뻔했지 뭐예요.

아무튼 어휘력을 높이려면
어휘를 많이 알아야 하는데
한자를 알면
방대한 양의 어휘도 쉽게 습득할 수 있습니다.
한자의 훈(訓)을 알고 어휘를 익히면
기억이 아주 오래가는 법이거든요.

예를 들어, '망원경'이라는 단어를 보면
가운데 글자가 '멀 원(遠)' 자입니다.
'멀리 있는 것도 잘 보이게 해 주는 기기'라는
뜻입니다.

또, '잠망경'이라는 단어를 보면
첫 번째 글자가 '잠길 잠(潛)' 자입니다.
'물속에 잠겨 있는 상태에서도 수면 위를 볼 수 있게 해 주는 기기'라는 뜻입니다.
또, '현미경'이라는 단어를 보면
가운데 글자가 '작을 미(微)' 자입니다.
'눈에 보이지 않는 작은 것도 확대해서 보이게 해 주는 기기'라는 뜻입니다.
이렇듯 한자의 훈을 알고 어휘를 익히면
기억이 아주 오래가고
어휘를 쉽게 습득할 수 있습니다.

그래서 어휘력이 좋은 사람들은
대부분 다 한자 도사들이랍니다.
이들은 모르는 단어가 나와도
한자의 훈을 이용해
그 뜻을 쉽게 유추해 내기도 합니다.

그러니 어휘력과 문해력을 높이려면
어릴 때부터 책을 많이 읽고
한자 공부를 병행하시면 됩니다.

금방 잊혀지는 분노와
아주 오래가는 분노

상대의 무례함에도 강도가 있습니다.

상대의 무례함에 그냥 참고 넘어갔을 때,
금방 잊혀지는 분노가 있고
아주 오래가는 분노가 있습니다.

금방 잊혀지는 분노라면
사소한 거 하나하나에
예민하게 받아들일 필요 없습니다.
단호히 대처를 못 했더라도
금방 잊혀지니까요.

하지만 몇 년이 지나도
잊히지 않는 분노가 있습니다.
이런 분노는
절대로 그냥 참고 넘어가서는 안 됩니다.
왜냐하면 내 몸과 마음을 무기력하게 만들고

수시로 내 기분을 불쾌하게 만들기 때문입니다.

우리들 스스로가 잘 판단해서
분노가 아주 오래갈 것 같으면
어떻게 해서든지 상대의 무례함을 지적하고
억눌린 감정이 생기지 않도록
잘 표출해야 합니다.

즉흥환상곡

쇼팽의 즉흥환상곡은
제가 가장 좋아하는 피아노곡이에요.
우연히 유튜브에서
노란색 체크무늬 셔츠를 입은 남자분이
쇼팽의 즉흥환상곡과 녹턴 9-2곡을
연주하는 모습을 보고 너무 멋있어서
이때부터 피아노를 처음 배우게 됐죠.

처음엔 바이엘을 치면서도
마음속엔 늘 즉흥환상곡 생각뿐이었어요.
그러다가 체르니 30번 중간까지 마치고
드디어…
쇼팽의 즉흥환상곡을 처음 배우게 되는데

그때 그 설렘을 지금도 잊지 못합니다.

이 곡만 완성하면
죽어도 여한이 없겠다 싶더라고요.
이 곡을 연습할 때는
진짜 밥 먹고 피아노만 쳤던 것 같아요.
하루 종일 연습해도 힘들지 않았고
행복할 뿐이었어요.
이 곡에 완전히 미쳐 있었던 것이죠.

여러분!
불광불급이라는 말이 있습니다.
미치지 않고는 도달할 수 없는 것이죠.

내 가슴을 설레게 하고 뛰게 만드는 걸 찾으면
우리는 그 누구라도
거기에 몰입하고 미칠 수 있습니다.
그리고 그것을 얻을 수 있죠.

그러니 오늘 밤은
무드등을 켜 놓고 술 한잔 마시며
"내 가슴을 설레게 하고 뛰게 만드는 게 뭘까?"를 생각해
보는 건 어떨까요?

내 모습

실패를 하더라도 내 모습으로 실패하세요.
비록 실패의 연속일지라도
내 모습으로 계속 나아간다면
언젠가는
나를 알아봐 줄 귀인이 나타날 것입니다.

나라는 존재는
이 세상에 유일무이한 존재입니다.

나 자신의 성장을 위해서
개선은 얼마든지 해야 되는 거지만
내 모습을 잃은 채
남의 좋은 것만을 따라 하는
따라쟁이가 되어서는 안 됩니다.

가령,
내가 영화 오디션을 보는데

오디션장에서 다른 참가자의 인상 깊은 연기를 보게 됩니다.
예상한 대로 그 참가자는 합격을 하고
나는 떨어집니다.
그래서 다음 영화 오디션에서는
전에 봤던 그 참가자의 인상 깊은 연기를
흉내 냅니다.
근데 이번에는 또 다른 참가자의 연기가
내 연기보다 훨씬 인상 깊어 보입니다.
예상한 대로 또 다른 참가자는 합격하고
나는 또 떨어집니다.

내가 계속 오디션에 떨어지는 이유는
내 모습을 잃은 채
남의 좋아 보이는 것만 따라 했기 때문입니다.

우리에게 필요한 건 개선이지, 흉내가 아닙니다.

물론 "모방은 창조의 어머니"라는 말이 있듯이
누군가의 훌륭한 모습을 참고하고 모방하는 것은
나를 발전시키는 데 큰 도움이 될 수 있습니다.
그리고 성공에 다다르는 데
아주 중요한 요소가 되기도 합니다.
하지만 내 모습이 남아 있어야 합니다.
내 모습을 잃은 채
따라 하기만 해서는 안 됩니다.

그러니 실패를 하더라도
내 모습으로 실패하세요.
내 모습을 잃어선 안 됩니다.

한 아이

한 아이가 있습니다.

하지만 이 아이가 성장하면서
가정적으로 여러 비극이 찾아옵니다.
9살에 그의 어머니가 질병으로 죽었고
19살에 그의 누나가 출산을 하다 죽게 되고
26살에는 그의 약혼자가 전염병으로 죽게 됩니다.
그리고 41살에 그의 둘째 아들이 큰 병에 걸려 죽고
42살에 그의 아버지가 죽고
53살에 그의 셋째 아들이 병으로 죽게 됩니다.

가족을 잃을 때마다…
이 아이는 얼마나 마음이 아팠을까요….

하지만 이 아이는
가족을 잃은 슬픔을 이겨 내고
미국 역사상 가장 위대한 일로 손꼽히는 업적을

남기게 됩니다.
바로 '노예 해방'이죠.
오늘날까지 미국인들이 가장 좋아하고 존경하는
대통령 중 한 명인 에이브러햄 링컨입니다.

견디기 힘든 슬픔 속에서도
그에게 큰 힘이 되었던 건 책이었습니다.

매일 새벽 4시에 일어나
《성경》과 《이솝 우화》를 읽으며
절망적인 상황에서도
인생을 포기하지 않았습니다.

그러니 우리도 링컨을 보며
어떤 힘든 상황이 오더라도
인생을 포기하지 말고 꿋꿋하게 이겨 내 봐요.

삶이 그대를 속일지라도 슬퍼하지 마세요.

우울한 날들을 견디면

분명 기쁨의 날이 올 거예요.

러시아의 시인 푸시킨이 말한 것처럼요.

쓸데없는 말

우리는 괜히 쓸데없는 말을 해서
후회하는 경우가 많습니다.

쓸데없는 말을 하면
뭔가 기분이 헛헛해지고
찜찜한 느낌이 남기 때문이죠.
"아, 그때 그 말 하지 말걸" 하고
후회해 봤자 이미 늦었습니다.

말이라는 건 한 번 내뱉으면
절대로 주워 담을 수 없기 때문이죠.

그래서 입방정 떨지 말라는 말이 있습니다.

마음속으로는
쓸데없는 말을 하지 말아야지 해 놓고

어느샌가 또 쓸데없는 말을 하고 있는
나 자신을 보면
팔푼이도 이런 팔푼이가 없습니다.

근데 상대방과 대화를 나누다 보면
나도 모르게 쓸데없는 말이 나오는 경우도 있고,
분위기에 휩쓸려
쓸데없는 말이 나오는 경우도 있습니다.

그러니 대화를 나누기 전에
항상 마음속으로 이렇게 되뇌이세요.
"아예 입을 다물어 버리는 게 상책이다"라고요.(웃음)

스페인의 철학자였던 발타자르 그라시안은
지혜로운 삶을 위해서는
"함부로 나서지 말고, 침묵을 방패막이로 이용하라"라고
했습니다.

또한 영국의 역사학자 토머스 칼라일은
"침묵은 금이다"라고 했습니다.

쓸데없는 말만 하지 않아도 반 이상은 갑니다.
아니, 나 자신을 지키고
나의 가치마저 높일 수 있습니다.

박쥐 같은 사람을 멀리하세요

한결같은 사람을 곁에 두세요.

잘나갈 때는 친하게 지내려 하고
못 나갈 때는 뭔가 어색하게 대하는
그런 박쥐 같은 사람은 멀리하세요.

보면 기회주의자 박쥐 같은 사람이 있습니다.

상대가 보잘것없어 보이면
은연중에 무시하고 함부로 말하며,
상대가 잘나가는 사람이면
아첨하고 친하게 지내려 하는 사람이죠.
이런 박쥐 같은 사람들은
언제 당신을 배신하고
뒤통수를 후려칠지 모릅니다.

그러니 이런 기회주의자 박쥐 같은 사람은
멀리하세요.

세계 최고의 동화 작가 안데르센이
말한 것처럼,
사람의 겉모습에 현혹되지 말고
그 속에 숨겨진 재능과 착한 마음씨를
볼 줄 아는 현명한 사람이 되세요.

우리가 높은 곳으로
올라가야 하는 이유

우리는 계속해서 높은 곳으로 올라가야 합니다.

하루하루를 열심히 살지 않으면
우리는 점점 낮은 곳으로 가게 됩니다.

살다 보면 누구에게나 문제가 생기는데
높은 곳에 있는 사람에게는
아주 쉬운 문제만 발생하지만
낮은 곳에 있는 사람에게는
아주 어려운 문제만 발생합니다.

이게 왜 그러냐면,
낮은 곳에 있는 사람에게는
문제를 해결할 지식과 지혜가 없기 때문에
문제가 거대한 산처럼 느껴지는 것입니다.
도저히 해결할 수 없을 것 같은
두려움에 휩싸일 때

극단적인 선택을 생각하게 됩니다.

또한 이 낮은 곳은
비열하고 졸렬한 자들이 득실거리는 곳입니다.
그들은 호시탐탐 뱀의 혀를 날름거리며
마음이 여리고 착한 사람들에게
치명상을 입힙니다.
절대로 가서는 안 되는 곳이죠.

그러니 우리는 끊임없이 실력을 갈고닦고
하루하루를 열심히 살아
높은 곳으로 올라가야 합니다.

항상 이기려고 하지 마라

상대의 무례함에 적절히 대처를 못 해서
기분이 매우 불쾌한 적이
당신은 분명 있을 거예요.
그럴 때마다 이 말을 떠올려 보세요.
"항상 이기려고 하지 마라. 언제든 질 수 있다."

우리는 살아가면서 언제든지
손해를 볼 수 있다는 것을 생각해야 해요.
그래야 마음이 조금은 편해집니다.
이렇게 생각하지 못하면
억울해서 잠이 안 옵니다.
뒤늦게 분노가 끓어올라
정신 건강에 안 좋습니다.
그러니 항상 이길 순 없다는 걸
늘 염두에 두어야 해요.
물론 그렇다고 늘 져선 안 되겠죠?

남이 나를 함부로 대할 수 없게
스스로 강해져야 해요.
인간관계에 관한 모든 책을 섭렵하든,
열심히 공부해서 출세하든,
복싱을 배우든,
뭘 배우든,
늘 배우고 자신을 갈고닦아
자신의 마음은 스스로가 지켜야 해요.
남이 내 마음을 대신 지켜 줄 순 없는 거예요.

스스로 강해지세요.

두려움

신은 항상 두려움 뒤에
보물을 숨겨 놓는다고 합니다.
그러니 두려워하지 말고 도전하세요.

대부분의 두려움은
우리가 만들어 낸 환상일 뿐입니다.

그리고 우리는 사람이기에
누구나 두려움을 느끼며 살아갑니다.
전혀 두려움을 느끼지 않는다면
그건 귀신일 테죠.(웃음)
그리고 아무리 두려워도
한 발짝은 내디딜 수 있잖아요?
그렇게 하루에 한 발씩
천천히 내디디면 되는 거예요.

현대를 창업하신 정주영 회장님께서도
"모험이 없으면 발전이 없다"라고 하셨습니다.
위험을 무릅쓰고라도 도전을 해야
보물을 얻을 수 있는 것이죠.

그리고 설령 위험이 닥치더라도
그 위험을 이겨 내는 동안
더욱 강해지고 단단해지는 법이죠.

그러니 우리…
두려움 뒤에 있는 보물을 찾으러 떠나 볼래요?

또라이

살다 보면 상식이 통하지 않는 사람들과
만나게 되는 경우가 종종 있습니다.
우리는 그들을 또라이라고 부릅니다.
또라이는 비합리적인 사람이기 때문에
아무리 합리적으로 얘기하고,
논리적으로 얘기해도
말길이 통하지 않습니다.
그래서 "또라이는 피하는 게 상책이다"라는 말이 있습니다.

서울대학교병원 교수님께서도
이렇게 말씀하셨습니다.
"어리석은 사람을 보거든 뒤도 돌아보지 말고 도망가라"라고요.

어리석은 사람은 지혜로운 사람까지
어리석게 만드는 재주가 있습니다.
또라이 역시 어리석은 사람입니다.

그러니 살면서 또라이를 만나거든,
그를 논리적으로 이해시키려 하지 말고
그냥 가볍게 회피하세요.

답이 없는 문제에서 자꾸 답을 찾으려 하면
결국, 고통받는 건 자기 자신입니다.

소중한 사람에게 화풀이하지 마세요

남에게 받은 스트레스를
자신의 소중한 사람에게
화풀이하는 사람들이 있습니다.
누구보다도 아껴 주고 존중해 줘야 할
소중한 사람에게 그래선 안 됩니다.

종로에서 뺨 맞고 한강에서 눈을 흘기는 건
매우 어리석은 짓입니다.

자신에게 상처 준 사람에게
본때를 보여 줘야지.
그 사람에겐 아무 말도 못 하고 있다가
자신의 소중한 사람에게 화풀이를 하는 건
매우 어리석은 짓입니다.

그러면 세상은 더욱 암울해지고
상처로 물들 뿐입니다.

못된 사람이 떵떵거리고 착한 사람이 상처받는
그런 세상이 되어서는 안 됩니다.

그러니 소중한 사람에게 화풀이하는 어리석음을
범하지 않으려면,
못된 사람으로부터 스스로 자신을 지킬 줄 아는
강한 사람이 되어야 합니다.

기적

내가 아무리 피아노를 잘 치고
작곡을 잘한다고 해도
쇼팽을 이길 순 없습니다.
내가 아무리 그림을 잘 그리고
상상력이 풍부하다고 해도
레오나르도 다 빈치를 이길 순 없습니다.
하지만 그럼에도 불구하고
우리는 끊임없이 실력을 갈고닦아야 합니다.

왜냐하면 우리에게는
기적이라는 게 존재하니까요.

기적이란
불가능하다고 여겨졌던 일이
실제로 가능하게 되는 일이랍니다.

지금도 세계 곳곳에서는
기적이 일어나고 있습니다.

여러분 모두 기적의 주인공이 될 수 있습니다.
신은 멀리 있지 않습니다.

바로 여러분 곁에 있다가,
노력의 양이 채워지면
당신에게 기적을 선물할 것입니다.

PART 2

두 번째 무기

인생은 누더기 아가씨처럼

인생은 늘 누더기 아가씨처럼 사세요.

세계 명작 동화에 나오는 누더기 아가씨는
비록 누더기 옷을 입었지만,
매일 할아버지의 미움을 받고 살지만,
늘 낙천적인 성격을 잃지 않는답니다.
결국 그녀의 낙천적인 성격이 행운을 가져다줘
멋진 왕자님과 결혼하게 되죠.

우리의 인생도 마찬가지입니다.

살다 보면 좋은 일도 있지만,
별의별 그지 같은 일들이
다 일어나기 마련입니다.
"왜 나한테만 이런 안 좋은 일이 일어나는 거지?"
"왜 내 인생에는 이렇게 방해꾼들이 많은 거야?"라고
억울해하기도 합니다.

하지만 일어날 일이라면
뭔 짓을 해서라도 일어나는 게
우리네 인생 아니겠어요?

그러니 우리는 안 좋은 일이 일어나도
"호호~ 기분 좋아라, 더 성장하고 단단해질 기회구나."
내 기분을 상하게 하는 사람이 나타나도
"호호~ 기분 좋아라, 나를 강하게 단련시켜 주는 사람이
나타났구나"라고
오히려 즐겁게 마주하세요.

제 말은 정신 승리를 하라는 말이 아니고,
낙천적인 마음을 잃지 않는 게 중요하다고
말씀드리는 거예요.

이렇게 늘 인생을 즐겁고 밝게 바라보는
낙천적인 마음을 잃지 않는다면

내 온몸을 휘감고 있던 불우한 운명도
결국 멋진 운명으로 바뀌게 될 테니까요.

포경 수술

요즘은 포경 수술을 거의 안 하는 추세지만
저 때는 거의 모든 남자들이
반의무적으로 했습니다.

하지만 포경 수술을 하면
문제가 생길 수 있습니다.

포피가 잘려 나간 만큼 피부가 얇아져
관계를 가질 때
더 많은 압력과 마찰을 받게 돼서
빠른 사정에 도달할 수 있습니다.

즉, 과민성 조루가 되는 것이죠.

그리고 외포피 앞부분을 몽땅 잘라 내 버려서
평상시에도 내포피가 그대로 노출이 됩니다.

내포피는 굉장히 예민한 부위이고
원래 외포피에 의해 감싸져
보호되어야 하는 부분인데
포경 수술을 하면
외포피 앞부분이 다 잘려 나가니
평상시에도 내포피가 그대로 노출이 되어
이따금씩 자극을 받게 됩니다.

이렇게 평상시에도
내포피에 지속적인 자극이 가해지면
제아무리 정심한 마음을 가진 사람이라도
성욕이 기승을 부려
정신이 흐트러질 수밖에 없고
신경이 예민해질 수밖에 없습니다.

그러니 포경 수술은
꼭 필요한 사람만 하는 것이 원칙입니다.

위생에 좋다는 이유만으로,
애먼 살점을 몽땅 잘라 내 버리는 것은
매우 안타까운 일이며, 통탄할 만한 일입니다.

직장 상사가 나에게 함부로 대할 땐
이렇게 하세요

직장 상사 때문에
힘들어하는 사람들이 많습니다.
아마도 자신에게 함부로 대하기 때문일 테죠.
나보다 지위가 높으니 무턱대고 대들 수도 없고
참 답답할 노릇입니다.

하지만 상사라고
무조건 참기만 해서는 절대로 안 됩니다.

계속 참기만 하면
억눌린 감정이 생기고 병이 생깁니다.

그러니 상사가 자신에게 함부로 대해서
직장 다니는 게 괴롭다면
반드시 상사에게 표현을 해야 합니다.
면담을 요청해서

"당신이 나를 함부로 대하는 것 같아서 기분이 나쁘다. 아랫사람에 대한 존중을 해 줬으면 좋겠다"라고 말을 해야 합니다.

이때 중요한 게 있습니다.
정중하게 얘기하되 논리적으로 얘기해야 합니다.
절대로 감정에 치우쳐서 호소해선 안 됩니다.
감정에 치우치면
몸이 떨리고 목소리가 떨리면서
일을 그르치게 됩니다.
당신의 직장 상사는
매우 논리적이고 철두철미한 사람입니다.
그러니 정중하되 논리적으로 얘기해야 합니다.

운이 좋다면 이렇게 얘기하는 동안
서로 간의 오해가 풀리기도 합니다.

그러니 퇴사하는 한이 있더라도
반드시 표현을 해야 합니다.

무조건 참는 건 정신 건강에 매우 해롭습니다.

나를 지키려면

인생을 살다 보면 한 번씩은 확 쏴붙이는
맹수 같은 기질이 꼭 필요할 때가 있습니다.

그래야 나를 지킬 수 있습니다.

꿈이 있는 사람과 꿈이 없는 사람은 뭐가 다른가요?

이 세상에는 꿈이 있는 사람과 꿈이 없는 사람
이렇게 두 종류의 사람으로 나뉩니다.

앞이 보이지도 않고 귀도 들리지 않고
말도 할 수 없었지만
이 삼중고의 역경을 이겨 내고
훌륭한 업적을 남긴 헬렌 켈러는
이렇게 말했습니다.
"맹인으로 태어나는 것보다 더 비극적인 일은
앞은 볼 수 있으나, 꿈이 없는 것이다."
헬렌 켈러는 앞을 못 보는 사람보다
꿈이 없는 사람이 더 불행하다고 말합니다.

꿈이 없는 사람은
정처 없이 항해하는 배와 같습니다.
정처 없이 항해하는 배는
연료가 다 떨어지게 되면

결국 바다 밑으로 가라앉게 됩니다.
즉, 꿈이 없는 사람은
인생이 허무하게 끝나고 맙니다.

한 번뿐인 인생인데,
이왕 태어난 거
꿈을 이루고 멋지게 살아 보고 싶지 않으세요?

그리고 꿈이 있는 사람은
자신의 잠재력을 무한대로 발휘하지만
꿈이 없는 사람은
있던 잠재력마저 소멸시켜 버립니다.

그러니 우리는 꿈꾸는 법을 잊으면 안 됩니다.

숙면을 취하고 싶다면

숙면을 취하고 상쾌한 아침을 맞이하려면
자기 전에 쓸데없이
스마트폰을 보지 않아야 합니다.

우리는 보통 하루 일과를 마치고
잠을 자기 위해 침대에 눕습니다.
하지만 바로 잠을 자진 않습니다.
왜냐하면 스마트폰을 보기 때문이죠.
그냥 이대로 자기 아쉬우니
습관적으로 스마트폰을 봅니다.
인스타그램 피드를 보거나
유튜브 시청을 하거나
인터넷 웹서핑을 합니다.
다음 날 학교를 가거나 출근을 해야 하니
'잠깐만 보고 자야지'라고 생각을 합니다.
하지만 그 잠깐은 30분이 되고
30분은 1시간이 되고

1시간은 2시간이 되어
어느새 시간은 새벽 1시가 되곤 합니다.
그때서야 부랴부랴 스마트폰을 멀찌감치 놓고
불을 끄고 눈을 감습니다.
하지만 바로 잠들기는 어렵습니다.
왜냐하면 스마트폰에서 나오는 청색광이
우리의 수면을 방해하기 때문입니다.
이 청색광이 수면촉진물질인 멜라토닌의 생성을
억제해 버리는 것이죠.
게다가 스마트폰의 청색광과 전자파가
우리 몸에 해롭고
우리를 무기력하게 만들며
우리의 눈을 혹사시킵니다.
그리고 잠이 들었다 해도
수면의 질이 굉장히 떨어져 있는 상태라서
숙면을 취하긴 어렵습니다.

이렇게 수면의 질이 떨어져 있는 상태로
제대로 잠을 못 자고
적정 수면 시간을 지키지 못하면
다음 날 굉장히 피곤한 상태가 됩니다.
사람은 보통 7~8시간 정도의 잠을 자야 합니다.
그래야 충분히 피로를 회복할 수 있고
다음 날 활동할 에너지를
얻을 수 있기 때문이죠.
하지만 제대로 잠을 못 잤으니
우리는 피곤한 몸을 이끌고
학교에 가거나 직장에 출근을 합니다.
그다음은 어떨까요?
머리도 멍하고 몸이 피곤하니
해야 할 일에 집중을 못 하고
계속 졸게 됩니다.
그래서 우리는 피로를 내쫓고 활력을 얻기 위해
커피를 사 먹게 됩니다.

커피를 마시면 카페인이 충전돼서
일시적으로 기분이 좋아지니까요.
하지만 밤이 되면 한 가지 문제가 생깁니다.
바로 잠을 못 자는 것이죠.
그리고 자더라도 수면의 질이 떨어지게 됩니다.
왜냐하면 체내에 있는 분해되지 않은 카페인이
수면촉진물질인 아데노신의 작용을
방해하기 때문입니다.
아데노신이 있어야 할 자리에
분자 구조가 비슷한 카페인이
떡하니 버티고 있으니
잠을 못 자게 되는 것이죠.
그러면 우리는 또
이 지루한 상황을 벗어나기 위해
스마트폰을 봅니다.
스마트폰을 보면 또 늦게 자게 되고
숙면을 못 취하는 것이죠.

그러면 다음 날 우리는 또 피곤한 몸을 이끌고 출근해서
커피를 찾게 됩니다.

악순환의 연속인 것이죠.

이 악순환의 고리를 끊기 위해서는
자기 전에
쓸데없이 스마트폰을 보지 않아야 합니다.

고대 그리스의 철학자였던 아리스토텔레스는
"자신의 욕망을 극복하는 사람이 강한 적을 물리친 사람보다
위대하다"라고 했습니다.

1cm만 다르게 보면
인생이 조금은 달라집니다

작은 키 때문에 고민이신가요?
작은 키는 중요하지 않습니다.
음악의 신동이었던 모차르트는 키가 150이었고
고려의 훌륭한 장수였던 강감찬 장군은
키가 151이었고
중국을 부자의 나라로 만든 덩샤오핑은
키가 152였습니다.

자신의 작은 키보다는
마음의 키가 중요하다는 걸 깨닫는 순간
인생이 조금은 달라집니다.

겁이 많고 소심해서 고민이신가요?
겁이 많고 소심한 건 중요하지 않습니다.
아무리 두려워도
누구나 한 발쯤은
내디딜 수 있는 용기가 있습니다.

한 발 내디딘 순간
완전 다른 세상이 펼쳐진다는 걸 깨닫는 순간
인생이 조금은 달라집니다.

지금 내 인생이 초라해서 고민이신가요?
지금 내 인생이 초라한 건 중요하지 않습니다.

러시아의 대문호인 톨스토이가 말한 것처럼,
그저 하루하루 주어진 일에
최선을 다하는 사람에게
행복이 찾아온다는 걸 깨닫는 순간
인생이 조금은 달라집니다.

사는 게 재미가 없어서 고민이신가요?
사는 게 재미가 없다고 불평불만 하는 와중에도
지금 누군가는 중환자실에서 산소호흡기를 차고
자신의 병마와 힘겹게 싸우고 있습니다.

세상의 수많은 죽음과 슬픔을 목격하면서
자신에게 주어진 하루하루가
얼마나 소중하고 의미 있는 것인지를
깨닫는 순간 인생이 조금은 달라집니다.

늦잠을 자면 우울해집니다

늦잠을 자면 우울해집니다.
내가 뭔가 형편없는 사람처럼 느껴지고
남보다 뒤떨어져 있다는 열등감이 느껴지고
오래 잤는데도 뭔가 머리가 멍하고
안 좋았던 기억들이 더 잘 떠오르고
우울한 기분 때문에
공부에 집중도 잘 안 됩니다.
또 수면 리듬이 깨져
밤에 일찍 잠들기도 어렵습니다.

하루가 완전히 망가지는 것이죠.

그러니 늦잠을 자서는 안 됩니다.

아침에 알람 소리를 듣고
처음 눈 떴을 때 일어나는 게 가장 좋습니다.

하지만 보통 사람들은 알람 소리를 듣고
처음 눈 떴을 때 일어나는 걸
많이 어려워합니다.

그 이유는 크게 세 가지인데
첫째는 자기 전에 스마트폰을 봐서 그렇고
둘째는 고민이 있어서 그렇고
셋째는 간절한 목표가 없어서 그렇습니다.

스마트폰에서 나오는 청색광과 전자파로 인해
수면의 질이 떨어지게 되고
또한 고민이 있으면 걱정으로 인해
밤에 잠을 설치게 되고
또한 간절한 목표가 없으니
게을러지는 것입니다.

그러니 자기 전에 스마트폰을 보지 말고
걱정에 너무 매몰되지 말고
간절한 목표가 생긴다면

아침에 늦잠을 자지 않고
일찍 일어날 수 있을 것입니다.

라섹

라섹을 하면 하나를 얻는 대신
하나를 잃게 됩니다.
바로 눈이 좋아지는 대신
안구건조증이 생기는 것이죠.

안구건조증으로
세 가지의 불편한 증상을 초래하게 됩니다.

첫째는 공부를 쉬지 않고 장시간 했을 때
눈이 쉽게 피로해져서
시리고 땅기는 느낌이 나고
약간 속이 메스껍고
두통과 어지러운 증상이 나타나기도 합니다.
특히 스마트폰은 조금만 오래 봐도 그렇습니다.
그러니 공부를 장시간 해야 하는 수험생들은
반드시 수험 생활을 마친 뒤에
라섹을 할지 말지를 고려해야 합니다.

둘째는 잠을 자고 나서 아침에 눈을 뜰 때
눈이 뻑뻑한 경우가 있는데
이때 눈을 그냥 팍 뜨면
눈에 스크래치가 나서 통증이 생깁니다.
한나절은 눈이 콕콕 쑤시는 것처럼
아프더라고요.
그러니 눈을 아주 살살 떠야 합니다.

셋째는
차량 불빛, 가로등 불빛, 간판 불빛을 보면
빛이 번져 보일 때가 있고
영화관에서 영화를 볼 때
자막이 겹쳐 보일 때가 있고
눈이 쉽게 피로해져서
시리고 땅기는 느낌이 납니다.

물론 라섹 후에
저와 같은 증상이 없는 분도 계시겠지만
저는 위와 같은 증상으로
많이 우울한 적이 있었기에
저처럼 당황하거나 우울해하지 마시라고
참고하라고 말씀드립니다.

물론 저는 이걸 다 알고
과거로 다시 돌아간다고 해도
라섹을 할 것 같습니다.
안구건조증으로 불편한 점은 있지만
안경을 쓰지 않고 앞이 잘 보인다는 게
너무 좋거든요.
그리고 무엇보다도 그때 당시에는
안경을 쓰고 얼굴이 못생겨지는 게
너무 싫었어요.

이런 남자와는 연애하지 마세요

첫째, 밤에 술 먹고 연락이 잘 안되는 남자와는
연애하지 마세요.
분명 헛짓거리를 하고 있을 가능성이 높습니다.
좋은 남자는
자신의 여자친구를 걱정시키지 않습니다.

둘째, 핸드폰을 보여 주지 않는 남자와는
연애하지 마세요.
뭔가 켕기는 것이 있으니
보여 주지 않는 겁니다.
좋은 남자는 뒤가 구리지 않습니다.

셋째, 거짓말을 자주 하는 남자와는
연애하지 마세요.
그 남자는 진심이 없는 사람입니다.
진심이 없는 사람과 함께해 봤자
내 인생이 피곤해질 뿐입니다.

마지막으로 나를 가스라이팅하고
함부로 대하는 남자와는
절대로 연애를 하시면 안 됩니다.
가스라이팅은
내가 잘못하지 않았는데도
나의 여린 마음을 이용해 상황을 조작해서
내가 잘못한 것처럼
느끼게 만들어 버리는 것이에요.
남자가 잘생기고 능력도 좋다면
그 남자를 놓치고 싶지 않겠지만
그래도 가스라이팅하고 함부로 대하는 남자는
절대로 안 됩니다.
그러면 내 인생이 괴로워질 뿐입니다.

나를 소중히 대하고
아껴 주는 남자와 예쁜 사랑 하세요.

배려심

상대에 대한 배려심이 있는 사람과
같이 있을 땐
마음이 참 편해집니다.

상대의 무례함에 반격하기 위해
항상 신경을 곤두세우는 나이지만
이렇게 배려심이 있는 사람을 마주하게 되면
어느 순간 무장해제 되어
마음이 참 편해지곤 합니다.

지금 내가 서 있는 이곳의 공기가
한결 가볍고 부드러워져
마음이 포근해짐을 느낍니다.

당신의 배려심으로 인해 누군가는 큰 힘을 얻고
마음이 편안해집니다.

이런 따뜻하고 편안한 마음이
글을 읽는 당신에게도
잘 전달되었으면 하는 바램입니다.

왜 학생들은 공부를 열심히 해야 하나요?

학생들은 공부를 열심히 하셔야 합니다.
어릴 때 공부를 해 놓지 않으면
나이 먹어서 고생을 하게 됩니다.

이 고생이라는 것이 뭐냐면,
나이 먹고 허드렛일을 하면서
남에게 천대를 받아야 합니다.
허드렛일을 하며
삶에 아무런 보람을 못 느끼는 것도 안타깝지만
남에게 천대까지 받으면 마음이 너무 아픕니다.

우리 학생들은
허드렛일을 하며
아무것도 아닌 사람에게 모욕을 받는 게
얼마나 고통스러운 일인지 아직 잘 모릅니다.
그렇기에
공부를 열심히 안 하는 학생들이 있습니다.

지금이라도 늦지 않았으니
부모님 곁에서 공짜로 공부할 수 있을 때
많이 배워 두세요.
그래서 성인이 되었을 때
원하는 걸 이루고
행복한 삶을 사셨으면 좋겠습니다.

아침에 일찍 일어나는 걸 방해하는 악당

상대의 무례함에 그냥 참고 넘어가면
우리는 무기력해집니다.
이 무기력은 우리가 아침에 일찍 일어나는 걸 방해합니다.

아침에 눈을 떴지만
상대의 무례함에 그냥 참고 넘어간 기억이
떠오르면 기분이 불쾌해지면서
아침에 일어나기가 싫어집니다.

그러니 아침에 일찍 일어나
부지런한 생활을 하고 싶다면
앞으로는 상대의 무례함에
절대로 그냥 참고 넘어가지 마세요.

그리고 기분이 불쾌하다고
침대에서 계속 밍기적거리면

내 황금 같은 소중한 시간이 날아갑니다.
그러니 이럴 때는 집 근처 공원에 가서
20분간 달리기를 하세요.
그럼 기분이 조금은 산뜻해질 겁니다.

이 산뜻한 기분으로
하루를 기분 좋게 시작하세요.

오해가 생겼을 때는 어떻게 해야 하나요?

우리는 살아가면서
누군가에게 상처를 주기도 하고
상처를 받기도 합니다.
하지만 이런 상처 중에
오해에서 비롯된 경우가 간혹 있습니다.

우리가 누군가를 오해하거나
혹은 누군가에게 오해를 받았을 때는
반드시 대화를 통해서 오해를 풀어야 합니다.

그래야 서로의 감정에 앙금이 남지 않으니까요.

대화를 하지 않고 마음속에 담아 두고 있으면
그 오해는 또 다른 오해를 불러오고
그렇게 오해만 하다가는
인간관계가 파국으로 치닫게 됩니다.

물론 그 사람과 다신 안 볼 생각이라면
오해를 꼭 풀 필요는 없습니다.
하지만 그게 아니라면
대화를 통해 오해를 푸는 게
우리의 정신 건강에 좋습니다.

서로의 감정에 앙금이 남는 것보다는
서로의 감정이 개운한 게
훨씬 좋지 않겠습니까?

두 개의 루비

어떤 한 분야에서
독보적인 능력을 발휘하는 사람들을
우리는 천재라고 부릅니다.
그렇다면 내가 만약 천재가 아니라면
넋 놓고 그들을 마냥 부러워하기만
해야 할까요?

아닙니다.

내가 가장 좋아하는 두 가지를 찾아서
꾸준히 실력을 갈고닦으면 됩니다.
그렇게 실력을 갈고닦으면
당신은 그 두 가지 분야에서
상위 30% 안에 들게 됩니다.
그러면 당신은 천재까진 아니더라도
아주 매력적인 사람이 될 수 있습니다.

매력이 있는 사람은
언젠가는 성공하게 되어 있는 법이죠.

우리가 다이아몬드가 될 수 없다면
두 개의 루비가 돼서 멋진 인생을 살아 봐요.

열심히 노력했지만 성과가 나오지 않을 때

뭔가를 이루기 위해 열심히 노력했지만
성과가 나오지 않을 때
우리는 쉽게 지쳐 버립니다.
매일같이 노력했지만
어제와 똑같은 오늘이 반복된다면
우리는 더 이상
노력이라는 걸 하기 싫게 됩니다.

하지만 지금 이 순간이 정말 중요합니다.
여기서 이를 악물고 버티는 사람이 있고,
그냥 포기하는 사람이 있습니다.

이 세상은 이렇게
이를 악물고 버티는 사람과 포기하는 사람
둘로 나뉩니다.
이를 악물고 버틴 사람은
어떻게 해서든 뭐든 됩니다.

하지만 포기한 사람은 그냥 거기서 끝납니다.

현재 우리나라 수장이신 윤석열 대통령님께서는
포기하지 않고 공부하셔서
9수 끝에 사법고시에 패스했다고 들었습니다.
칠전팔기를 넘어 팔전구기의 대단한 모습을
몸소 보여 주신 것이죠.
그리고 문재인 전 대통령님께서는
독재와 맞서 싸우다
옥중에 있게 된 적이 있으신데
옥중에서도 포기하지 않고 공부하셔서
사법고시를 패스하고
사법 연수원을 차석으로 졸업했다고 들었습니다.
힘든 환경에도 굴하지 않고
형설지공의 대단한 노력을
몸소 보여 주신 것이죠.

그렇습니다.
우리는 포기를 모르는 사람이 되어야 합니다.

윤석열 대통령님이 여덟 번만 사법고시를 보고 포기했다면,
문재인 전 대통령님이 옥중에서 포기했다면,
지금의 훌륭한 위치에 오르지 못했을 거예요.
이 두 분은 포기하지 않았기에,
포기를 모르는 남자였기에,
지금의 훌륭한 자리에 각각 계신 것이죠.
그러니 우리도
이 두 분의 끈기와 패기를 본받아
포기를 모르는 사람이 되어야 합니다.

마지막으로 제2차 세계 대전을 승리고 이끈
영국의 수상 윈스턴 처칠의 말을
들려드리겠습니다.

"절대로, 절대로, 절대로 포기하지 마세요."

버티세요.
버티면 반드시 기회가 옵니다.

근본이 못돼 먹은 사람은
가까이해서는 안 됩니다

사회생활을 하다 보면
자신의 책임을 교묘한 방법으로
남에게 전가하는 사람이 있습니다.
그들은 자신의 잘못을
절대로 인정하지 않습니다.
어떻게 해서든 책임을 회피하려고
남 핑계를 대거나 남에게 뒤집어씌웁니다.
아주 졸렬한 자들이죠.

심성이 못돼 먹은 사람은
아무리 착한 척 위선을 떨어도
그 고약한 심보가 드러나게 돼 있습니다.
지혜로운 사람의 눈에는 그런 것들이 다 보이죠.

반대로 심성이 고운 사람은
아무리 오해를 받거나 잘못을 뒤집어써도
착한 심성이 드러나게 돼 있습니다.

사람은 근본이라는 게 있는데
근본은 쉽게 바뀌지 않습니다.

그러니 근본이 못돼 먹은 사람은
가까이해서는 안 됩니다.

커피

커피는 양날의 검과 같은 것입니다.

우울할 때 한잔의 커피가
내 마음을 달래 주기도 하고
기분을 UP 시켜 주며
각성 효과로 인해
내가 마치 슈퍼맨이 된 것처럼
뭐든지 다 이룰 수 있을 것 같은
기분 좋은 느낌을 선사해 줍니다.

하지만 밤이 되면 문제가 생깁니다.
잠이 오지 않고
자더라도 수면의 질이 떨어지는 것이죠.
체내에 있는 카페인이
수면촉진물질인 아데노신의 작용을
방해하기 때문입니다.

아데노신이 있어야 할 자리에
분자 구조가 비슷한 카페인이
무뢰배처럼 떡하니 버티고 있으니
잠을 못 자게 되는 것입니다.
또한 카페인은 심장을 쿵쾅거리게 만들기도 하고
불안 증세를 심화시키기도 합니다.

그러니 여러분은 커피를,
이 양날의 검을 자신에게 알맞게 운용해서
무림의 고수가 되길 바라겠습니다.

아 물론 저는 커피를 끊었습니다.(웃음)

최선을 다했지만
성공하지 못한 이유는 무엇인가요?

최선을 다해서 열심히 살고 있지만
아직 빛을 보지 못했다면
당신은 대기만성형 인간이기 때문에 그렇습니다.

큰 인물은 쉽게 이루어지는 것이 아니고
각고의 노력 끝에 이루어진다는 말이죠.

물론 아침에 늦잠을 잔다거나
쓸데없이 스마트폰을 보며
시간을 허비하는 사람은
꿈을 위해 최선을 다하고 있는 사람이 아닙니다.
최선을 다하지 않으면서
왜 꿈이 이뤄지지 않냐고 한탄하는 사람은
매우 어리석고 멍청한 사람입니다.
하지만 최선을 다했는데도
아직 꿈을 이루지 못했다면
분명 당신은

대기만성형 인간이기 때문에 그렇습니다.

사람은 저마다
꽃이 피어나는 시기가 다른 법입니다.

그러니 꽃이 필 때까지
자기 자신과의 싸움에서 지면 안 됩니다.

중국의 사상가이자 도교의 창시자인 노자는
"남을 이기면 강하지만 자신과 싸워 이기면 더 강하다"
라고 했습니다.

장난을 심하게 치는 사람은
가까이하지 마세요

보면 장난을 심하게 치는 사람들이 있습니다.
자꾸만 선을 넘는 장난을 쳐서
기분을 잡치게 하는 인간들이죠.
그런 사람과는 거리를 두는 게 좋습니다.

그 사람은 배려가 없는 사람입니다.

장난이라는 것도
서로가 유쾌하게
웃고 넘어갈 수 있는 것이라야지.
상대에게 모욕감을 주거나
상대를 불쾌하게 만드는
장난을 쳐선 안 됩니다.
"장난으로 던진 돌에 개구리가 맞아 죽는다"라는
속담이 있습니다.

나는 장난일지라도
상대에게는 가슴에 꽂히는 비수가 되어
두고두고 기억되는 큰 상처가 될 수도 있습니다.
또한 학생들에게는 장난이 학교 폭력이 될 수도 있습니다.

그러니 장난은
서로가 유쾌하게
웃고 넘길 수 있는 정도여야 합니다.

나는 장난이라도
상대가 장난으로 받아들이지 않았다면
그건 더 이상 장난이 아닙니다.

운이 좋은 사람은 왜 운이 좋은 건가요?

살다 보면
운이 좋아서 인생이 쉽게 풀리는 사람도 있고
운이 나빠서
하는 일마다 망하는 사람도 있습니다.
물론 성패를 좌우하는 요소는 운뿐만 아니라
노력의 양, 타고남, 타이밍 등
여러 가지가 있겠지만
저는 운에 대해서 좀 말해 보고 싶습니다.

큰 고생을 하지 않고도
운이 좋아 쉽게 성공하는 사람들이 있습니다.
그 사람은 전생에 착한 일을 많이 했기 때문에 그런 겁니다.
전생에 착한 업보를 많이 쌓았기 때문에
현생에서 그 보답을 받는 것이죠.

반대로
죽어라 노력하는데도 매번 실패하는 사람,

선행을 많이 베푸는데도
안 좋은 일만 일어나는 사람이 있습니다.
그 사람은
전생에 나쁜 업보를 많이 쌓았기 때문에
그런 겁니다.
전생에 나쁜 업보를 많이 쌓았기 때문에
현생에서 그 대가를 치르고 있는 것이죠.

전생은 이미 지나간 과거이기 때문에
우리가 어떻게 할 수 없는 불가항력입니다.
그러니 현생의 삶이 괴롭고 힘들지라도
내생을 기약하기 위해서는
선행을 많이 베푸세요.

그리고 현생에서 선행을 베풀고 노력한 만큼
전생의 나쁜 업보를 다 털어 버리게 되면
그때부터는 운이 좋아지게 되어 있습니다.

그리고 설령,
현생에서 성공을 못 한다 할지라도
내가 선행을 베풀고 노력한 만큼
그 업보가 내생으로 이어지게 됩니다.

그러니 선행을 베풀고 노력하세요.
그래야 내생의 삶이 편안하고 행복해집니다.

예의를 모르는 것들

예의를 모르는 것들하고는
그냥 상종을 하지 마세요.

공자님께서도 예가 아닌 것은
듣지도 말고,
말하지도 말고,
쳐다보지도 말고,
그 근처에는 얼씬도 하지 말라 하셨습니다.(웃음)

당신을 치유해 줄 마법의 물약

당신에게 부정적인 영향을 주는 것은
모두 차단하세요.
사람이 됐든,
물건이 됐든,
뭐가 됐든지 간에요.

당신에게 부정적인 영향을 끼치거나
부정적인 말을 하는 사람하고는 만나지 마세요.

당신의 잠재된 능력을 알아봐 주고
당신이 잘되기를
진심으로 기뻐해 주는 사람하고만 만나세요.
정에 휘둘려서는 안 됩니다.
그런 나약한 정신으로는
이 험난하고 모진 세상
헤쳐 나가기 어렵습니다.
정신 똑바로 차리고 강해지세요.

독해져야 합니다.
맹수가 사냥감의 숨통을 끊을 때처럼
한 치도 머뭇거려서는 안 됩니다.
과단성이 있어야 합니다.
나를 조금이라도 불편하게 하는 사람하고는
만나지 마세요.
그 시간이 아깝습니다.

나를 존중해 주고 위대하게 여겨 주는 사람과
꿈을 향해 달려가세요.
꿈을 향해 달릴 때만큼은 뒤돌아보지 말고
전력 질주 하세요.
꿈을 이루면 이 세상은 아름다운 천국이 됩니다.

여태껏 상처만 받았던 당신,
앞으로는 좋은 사람들과 행복해지세요.

독서실 빌런

1. 하루 종일 노트북 키보드 '탁탁탁탁' 두드리는 사람
(키보드 작업은 집에 가서 좀 제발 ㅡ,ㅡ;;)

2. 하루 종일 다리를 '달달달달' 떠는 사람
(다리를 그렇게 떠시면 있는 복도 달아나 버린답니다.)

3. 하루 종일 볼펜 꼭지 '똑딱'거리는 사람
(최면에 걸려 버릴 것만 같아요 ㅡ,ㅡ!!)

4. 하루 종일 이어폰 소리 새 나가게 영상 보는 사람
(노이로제가 올 것만 같습니다. 그러니 제발 그 소리 좀 안 나게 닥쳐 주시면 안 될까요? ㅜㅜㅜ)

5. 지속적으로 특정 소리를 발생시키는 사람
(견딜 수가 없습니다.....................)

우리가 행복하려면

우리가 행복하려면
나를 행복하게 해 주는 사람을 곁에 두기 전에,
나를 불행하게 만드는 사람을
먼저 멀리해야 합니다.

이게 바로 행복의 첫 번째 조건입니다.

무례한 사람이 되지 말고
카리스마가 있는 사람이 되세요

우리가 인생을 살아갈 때
한 번씩은 카리스마가 필요할 때가 있습니다.

군대에 있을 때랑 사회생활을 하며 느낀 건데
아랫사람에게 너무 착하게만 대하면
후임이 선임의 말을 듣지 않는 경우가 생깁니다.
게다가 교활한 마음을 가진 사람은
선임을 만만하게 보고
맘먹어 대는 경우까지 생깁니다.
좀 극적이지만,
이런 상황에서 전투라도 벌어지면
후임은 선임의 말을 듣지 않고
질서를 어지럽히기 때문에
그 부대는 오합지졸이 되어 버리고
전멸하게 됩니다.

그래서 선임이나 상사는
한 번씩 카리스마를 발휘해서
기강을 바로잡을 필요가 있다고 생각합니다.

《군주론》의 저자였던 마키아벨리는
"양이 이끄는 사자의 무리는 두렵지 않으나, 사자가 이끄는 양의 무리는 두려운 법이다"라고 했습니다.

카리스마가 없는 양 밑에서
서로 잘났다고 으르렁대고
질서를 어지럽히는 사자의 무리는
카리스마가 있는 사자 밑에서
단합된 조직력을 갖춘 양 떼에게
상대가 안 된다는 뜻입니다.
물론 실제로는
사자의 무리가 이기겠지만

그만큼 리더의 중요성과 카리스마를
강조한 것이겠죠.

카리스마가 있는 사람은
확실히 위엄이 있고 뭔가 멋져 보이기도 합니다.

적절한 비유일진 모르겠지만 히틀러만 보더라도
인류 역사상
가장 많은 인명 피해를 낳게 한 장본인으로
나쁜 사람이긴 하지만
그의 카리스마만큼은 꽤나 멋져 보였는지
그를 따르는 광신도들이 많았습니다.

하지만
카리스마와 무례함을 혼동해서는 안 됩니다.

남에게 피해를 주고 상대를 불쾌하게 하는 순간
카리스마는 무례함이 되어 버립니다.
우리는 무례한 사람이 되어서는 안 됩니다.

우리에게 필요한 건
남에게 피해를 주지 않고 강요하지 않으면서도
좌중을 휘어잡고 사람의 마음을 얻는
카리스마가 필요한 것입니다.

성공에 가까워지는 사람을
끌어내리려는 사람

이 세상에는 자신의 꿈을 이루기 위해
고군분투하는 사람과
그냥 현실에 안주하는 사람이 있습니다.

근데 그냥 현실에 안주하는 사람 중에서도
시기 질투에 눈이 멀어
성공하려는 사람 뒷다리를 잡아
끌어내리려는 사람이 있습니다.
이들은 온갖 교묘한 말과 부정적인 말로
성공에 가까워지려는 사람을 방해합니다.

'크랩 멘탈리티'라는 심리학 용어가 있습니다.

양동이에 여러 마리의 게를 넣어 두면
가까스로 탈출하려는 게를
밑에 있는 게가 탈출하지 못하도록
집게발로 잡아 끌어내리는 데서
나온 용어입니다.

나와 비슷한 처지에 있던 사람이
치고 올라가거나 성공하려고 하면
질투심과 열등감이 폭발해서
끌어내리려는 것이죠.
나와 비슷했던 사람이 성공이라도 하면
내 처지가 초라해지게 될까 봐
겁이 나는 거겠죠.

노력을 안 할거면
본인만 안 하면 되는 거지.
성공하려는 사람 뒷다리를 잡아 끌어내리려는
치졸한 자가 되어서는 안 됩니다.

셋이서 대화를 나눌 때의 맹점

보통 셋이서 대화를 나누다 보면
어느 순간 둘이서 대화를 하고
한 명이 조용해지는 상황이 생깁니다.
그 상황에서 계속 둘이서만 얘기하게 되면
한 명이 소외감을 느끼게 됩니다.
기분이 안 좋아지는 것이죠.

그러니 이럴 때는
둘 중 한 명이 조용히 있는 사람에게
적당한 시점에서 말을 걸어 주는 센스가
필요합니다.
눈치 없이 계속 둘이서만 얘기하면,
남은 한 명은 소외감을 느끼게 되어
기분이 안 좋아지게 됩니다.

그러니 균형 감각을 잘 발휘해서
서로가 웃으면서
유쾌한 시간을 보낼 수 있기를 바랍니다.

아 물론 위 내용은
아주 친한 친구들 사이에서는
해당되지 않는 이야기입니다.
친한 친구들끼리는 말없이 그냥 조용히 있어도
서로가 편하니까요.

자신만의 루틴이 있는 사람

자신만의 루틴이 있는 사람은
언젠가는 성공하게 되어 있습니다.

자기 전에 쓸데없이 스마트폰을 보지 않고
늦지 않게 잠을 청하고
아침에 눈을 떴을 때
단번에 일어나 하루를 부지런히 준비하고
하루 한 끼 정도는 채식을 하고
일주일에 세 번 이상은
땀 흘리는 유산소 운동을 하고
하루에 한 시간 이상은 꼭 독서를 하고
하루에 두 시간 이상은 꼭
자신의 꿈을 위해 노력하는 시간을 갖고
늘 예쁜 생각만 하고
부정적인 생각이 떠올랐을 때는
그 생각에 반응하지 말고
자연스럽게 사라지도록 내버려 두고

나쁜 사람과는 어울리지 말고
좋은 사람을 만나게 되면
그의 지혜를 본받으려 노력하고
술과 커피는 꼭 필요할 때만 마시고
담배는 피우지 말고
나 자신과 소중한 사람을 지키기 위해
강한 사람이 되도록 연마하고
순간의 쾌락을 될 수 있으면 절제하고
나에게 시련이 오거든
내 정신을 성장시킬 수 있는
좋은 기회라 여기고
부지런히 청소를 해서 내 주변을 깨끗하게 하고
작은 일에도 감사하는 마음을 잃지 않는다면

그 사람은 언젠가는 성공하게 되어 있습니다.

남에게 피해 주고 살지 마세요

남에게 피해 주고 살지 마세요.

남에게 피해를 주면
언젠가는 그 고통을 배로 돌려받는 날이
반드시 오게 됩니다.
내가 철딱서니가 없어서 남에게 피해를 줬다면
반성하고 다시는 그러지 않도록
자기 자신을 잘 살펴야 합니다.
지금 당장은 남에게 피해를 준 것이
큰 잘못이라는 생각이 들지 않더라도
나중에 당신이 깨달음을 얻었을 땐
당신이 했던 어리석은 행동이
당신의 마음을 짓누르는
천근만근의 추가 될 수 있습니다.

그러니 항상 겸손하게
자기 자신을 잘 살펴야 합니다.

남에게 피해를 주고도 반성은커녕,
더 못되게 굴고 계속된 비열한 짓을 자행한다면
그 사람은 살아서도 지옥을 경험할 것이고
죽어서도 지옥을 경험할 것이며
다시 태어나도 지옥을 경험할 것입니다.

그냥 하세요 일단

머릿속으로 생각만 하고 있으면
아무 일도 일어나지 않을뿐더러
머리가 복잡해지기만 하니 일단 하세요 그냥.

운동을 갈까? 말까? 생각하지 말고 그냥 가세요.
생각만 하고 있으면 가기 싫어집니다.
그리고 쓸데없이 스마트폰을 보게 됩니다.
스마트폰을 보고 있으면 더욱 가기 싫어집니다.

독서실에 갈까? 말까? 생각하지 말고
그냥 가세요.
생각만 하고 있으면 가기 싫어집니다.

하고 싶은 일에 도전할까? 말까?
생각하지 말고 그냥 하세요.

머릿속으로 이것저것 재고 따지다 보면
마음이 복잡해져서 실행이 두려워질 뿐입니다.

그러니 그냥 하세요 일단.

성인군자처럼 대화하는 방법

우리는 보통 대화를 나눌 때
상대방을 가르치려 하는 경향이 있습니다.
상대방의 충고는 듣기 싫어하면서
자신은 상대방을 가르치려 합니다.
다들 선생님이 되고 싶어 안달 난 사람처럼 말이죠.

왜 그럴까요?

인간은
인정을 받으려는 욕망이 있기 때문입니다.
상대방에게 얕은 지식으로 조언이나 충고를 하면
은연중에 약간의 뿌듯함이 느껴지고
인정을 받는다는 느낌이 듭니다.
그래서 우리는 그렇게들
상대방을 가르치려 합니다.

하지만 대화를 나눌 때
'내가 맞아'라고 가르치려 하면
상대는 틀린 것이 되기 때문에
다툼이 일어나게 됩니다.
상대방을 가르치려 들면
상대는 기분이 나쁘기 때문에
반발을 하게 됩니다.
이때부터 다툼이 시작되는 것이죠.
감정이 격해지기라도 하면
서로에게 상처가 되는 말을
쉽게 내뱉어 버릴 수도 있습니다.
그러니 맞는 말일지라도, 옳은 말일지라도
'내가 맞아'라고 가르치려 하지 말고
그냥 상대의 말을 경청해 주세요.
물론 상대방이
진심으로 조언을 구하거나 충고를 원한다면
그때는 아낌없이 조언을 해 주셔도 좋습니다.

하지만 그런 경우가 아니라면,
'내가 맞아'라고 가르치려 하지 말고
그냥 상대의 말을 경청해 주세요.
그래도 어차피 지구는 태양 주위를 도니까요.

이게 무슨 말이냐 하면요.
16세기에 이탈리아의 천문학자였던 갈릴레이가
지동설을 주장했다가
종교 재판에 회부된 적이 있습니다.
지금이야 지구가 태양 주위를 도는 건
당연한 이야기라고 생각하지만
그때 당시만 해도 사람들은
태양이 지구 주위를 돈다고 생각하였습니다.
또한 천동설이
하느님의 말씀인 성서의 설명들과
잘 맞았기 때문에

지동설을 주장하는 것은
교회에 대한 반항으로 여겨졌습니다.
그래서 갈릴레이가 지동설을 주장한 것에 대해
교회에서는 이를 하느님에 대한 모독으로 보았고
종교 재판을 연 것이죠.
그때 당시 교회의 힘은 매우 막강하였고
하느님을 모독한 사람에게는
화형이나 끔찍한 고문이 행해졌습니다.
그렇기에 갈릴레이는 종교 재판에서
자신의 과학적 신념을 굽히고
지동설을 철회할 수밖에 없었습니다.
하지만 갈릴레이는 재판을 마치고 나오며
"그래도 지구는 돈다"라고 중얼거렸다는
유명한 일화가 전해지고 있습니다.

그렇습니다.
제 비유가 적절했는지는 모르겠지만
옳은 말일지라도
'내가 맞아'라고 가르치려 하지 말고
그냥 상대의 말을 경청해 주세요.
그래도 어차피
지구는 태양 주위를 도니까요.(웃음)

나 자신과의 싸움

성공하기 전까지는
끊임없는 나 자신과의 싸움입니다.
온갖 유혹과 불안, 외로움을
견뎌 내야 하기 때문이죠.

온갖 쾌락이 나를 유혹할 때
그 순간의 감정을 절제해 보세요.
그 순간의 욕망을 절제하면
작은 성공 데이터가 쌓이고
나중에 쾌락이 나를 또 유혹할 때
그 작은 성공을 떠올리면
얼마든지 순간의 유혹을 이겨 낼 수 있습니다.
그때 그 순간에는 유혹을 못 참을 것 같아도
시간이 조금만 지나면 언제 그랬냐는 듯이
유혹은 사라지게 됩니다.

그리고 불안이 나를 엄습한다면
불안한 생각을 자꾸 억제하려고 하지 말고
가만히 내버려 두세요.
불안한 생각에 자꾸 반응하니까
불안이 더욱 증폭돼서 괴로운 겁니다.
불안한 생각에 반응을 하지 않으면
불안은 알아서 사라지게 되어 있습니다.

그리고 외로워서 견딜 수 없다면
이렇게 생각해 보세요.
중국의 사상가였던 노자는
"외로움은 절망이 아니라 기회다"라고 했습니다.
그리고 독일의 철학자였던 괴테는
"재능은 고독 속에서 발견된다"라고 했습니다.
성공한 사람들은 모두
외로움 속에서 꽃을 피운 사람들입니다.

내 안에 잠재된 능력을 깨울 수 있는
유일한 시기는 혼자 사색에 잠길 때입니다.

그러니 혼자 있는 시간을 잘 이용해서
외로움을 자신만의 재능으로 승화시키세요.

성공하면
온갖 유혹과 불안, 외로웠던
이 모든 것이
아름다운 추억이 됩니다.

PART 3

세 번째 무기

10대는 우정, 20대는 사랑

10대 때는 친구와의 우정이 전부라고 생각했고,
20대 때는 사랑이 삶의 전부라고 생각했던 때가 있었어요.

하지만 나이를 먹고 어른이 되면서
"그땐 왜 그렇게 사랑과 우정에 집착했을까?"
라고 떠올려요.

10대 때는 그렇게 평생 갈 것처럼
의리~ 의리~ 노래를 불러 대도
나이를 먹으면 각자 먹고 살길 바쁘고
서로 간의 오해로 인해
우정에 금이 가기도 하죠.
또 "눈에서 멀어지면 마음에서도 멀어진다"라는
속담이 있습니다.
대학교에 입학하면
각자 사는 지역이 다르다 보니
자주 못 보게 되어

자연스럽게 서로 간의 관계가
소원해지기도 합니다.
그래서 우정을 오래 간직하려면
자주 봐 주는 게 중요할 때도 있습니다.

그리고 20대 때는
이 여자(남자) 아니면 안 될 것 같고
수백 번 수천 번 사랑한다고 해도
한 번 헤어지면 그만인 게 또 사랑일 때가
있습니다.
헤어질 때는 굉장히 마음이 아프고 쓰라립니다.
내 곁에 있던 사람이 이젠 없으니
허전하고 마음이 아픈 것이죠.
하지만 시간이 지나면 또 언제 그랬냐는 듯이
잘 지내곤 합니다.
원래 시간이 약이거든요.

제 말은 너무 사랑이나 우정에 목매어
정작 자기 자신을 내팽개쳐선 안 된다는 거예요.

이 세상에서 가장 중요한 건 자기 자신이니까요.

나 자신을 돌보지 못한 채
사랑이나 우정에 목숨 걸면
내 몸과 마음이 병들고
만신창이가 되어 버립니다.
그러니 일단은 먼저
나 자신을 소중하게 대해 주세요.

그냥 나를 아껴 주고
소중하게 대해 주는 사람에겐
무한히 감사함을 느끼며
당신도 그 사람을 아껴 주고

소중하게 대해 주시고
나를 떠나는 사람에겐
집착하지 말고 미련 갖지 말고
편안하게 놓아주세요.

그렇게 순리를 따라야 마음이 편한 법이랍니다.

키 높이 깔창

대학교 다닐 때는 항상 키가 콤플렉스였어요.
그래서 20대 초반에는
늘 키 높이 깔창을 깔고 다녔죠.
이성에게 잘 보이고 싶어서요.
1개는 기본이고,
2개도 자주 깔고,
심지어는 3개도 깔았던 기억이 나네요.(웃음)
그냥 하이힐을 신고 다녔던 남자라고
생각하시면 될 것 같아요.

그때는 왜 그렇게 모질이 같은 행동만 하고
돌아다녔는지 모르겠어요, 참.
하지만
키 높이 깔창은 체중을 앞으로 쏠리게 해서
엄지발가락 뼈가 바깥쪽으로 휘는
무지외반증이나

걸을 때 발뒤꿈치 통증이 생기는
족저근막염을 초래할 수 있고
다리 핏줄이 지렁이처럼 튀어나오는
하지정맥류를 초래할 수 있습니다.

저 같은 경우는 키 높이 깔창 덕분에(?)
발목과 무릎을 자주 접질리고
예전에 민트○○ 병원에 갔는데
판막 기능이 약해져서
하지정맥류가 올 수도 있다고 하더라고요.
검사한 김에 다른 검사도 덩달아 하게 됐는데
정계정맥류라고 왼쪽 부랄(?)이
실타래처럼 늘어나 있는지 살펴보는 검사인데
별다른 이상은 없어서 다행이었지만
의사 선생님 앞에서
민망해 죽는 줄 알았습니다.

아무튼.
그러니 여러분 키 높이 깔창은 넣어 두세요.
있는 그대로의 모습이
자연스럽고 아름다운 법이랍니다.

자신의 키보다는 마음의 키가 중요하잖아요?
안 그런가요?(웃음)

무례한 자의 최후

무례한 자의 입은
사람의 마음을 상하게 하는 도끼 같은 것이고,
무례한 자의 혀는
사람의 마음을 후벼 파고 도려내는
칼과 같은 것입니다.

무례한 자의 입 안에
이미 도끼와 칼날을 머금고 있으니
언젠가는 그들 스스로
피토하는 날이 오게 될 겁니다.

핸드폰을 갖다 버려라

당신이 공부할 마음이 조금이라도 있다면
핸드폰은 갖다 버리셔야 합니다.

물론 진짜로 버리라는 말이 아니고
독서실에 갈 때는
핸드폰을 집에 두고 가라는 말입니다.
독서실에 핸드폰을 들고 가면
쓸데없이 핸드폰을 보게 됩니다.
그렇게 10분… 20분… 핸드폰을 보다 보면
우리의 몸은 무기력해지고
눈이 피로해지게 됩니다.
다시 공부를 하려 해도 집중력이 떨어지고
집중이 안 되니 또 핸드폰을 봅니다.
그럼 더욱더 우리 몸은 무기력해지고
그렇게 하루가 망해 가는 겁니다.

사람은 잠을 자고 일어나면
그날 하루를 보낼
적정량의 에너지를 얻게 되는데
핸드폰을 보면
그만큼 공부할 때 필요한 에너지를
핸드폰에 뺏기게 됩니다.

그러니 당신이 조금이라도 뭔가를
이뤄 보고 싶은 마음이 있다면
핸드폰은 당장 갖다 버리셔야 합니다.(웃음)

어? 부딪힐 것 같은데?

간혹 길을 걷다 보면
마주 오는 사람과 부딪힐 것 같아서
몸을 살짝 틀어서
비켜 가야 하는 상황이 생긴다.
하지만 전혀 비켜 줄 생각이 없는
아주 뻔뻔한 사람들이 있다.
순간적으로 불쾌해지면서 아주 열이 받는다.
정말이지….
귀싸대기를 5만 대는 때리고 싶은 충동이
느껴진다.

그들의 심리는 도대체 무엇일까?
왜 부딪힐 것 같은데도 몸을 틀지 않는 것일까?
원래부터 그렇게 뻔뻔한 성격을 타고난 걸까?
아니면 그 짧은 시간에
미리 각도 계산을 다 해서
안 부딪힐 걸 장담하는 건가?

그냥 서로 몸을 살짝 틀어서 비켜 가면
서로 배려받았다는 생각에
기분 좋게 지나갈 수 있는 일을,
그들은 도대체 왜 그럴까?(웃음)

불친절한 점원이
인사를 쌩깔 때는 이렇게 하세요

가끔 가다 보면 상점에서 물건을 사고
인사를 했을 때
인사를 안 받는 점원들이 있습니다.

보통 "수고하세요"라고 인사를 건네면
보통의 점원은 "네"라고 하거나
"네 감사합니다"라고 인사를 합니다.
하지만 그냥 쌩까는 불친절한 점원도 있습니다.
그런 불친절한 점원을 보면
'저 사람은 도대체 무슨 생각으로 사는 걸까?'
라는 생각이 들 정도입니다.

우리가 보통 "수고하세요"라고 했을 때
점원이 쌩까면
우리는 기분이 약간 불쾌해집니다.
그러니 여러분이
불친절한 점원이 있는 상점을 이용할 경우에는

물건을 구매 후에
"수고하세요"라고 하지 말고
"감사합니다"라고 해 보세요.

"수고하세요"라고 했을 때는
점원이 쌩까면 약간 기분이 나쁘지만
"감사합니다"라고 했을 때는
점원이 쌩까도 기분이 나쁘지 않거든요.

이것은 불친절한 점원이 내 인사를 쌩깠을 때
나의 품위도 살리면서
내 기분을 불쾌하지 않게 하는
최고의 방법입니다.

난독증

저는 아주 약간의 난독증을 가지고 있어요.
어린이책을 읽어도 글의 내용이 이해가 안 돼
다시 처음으로 돌아가
여러 번 반복해서 읽는 경우가 있거든요.

어릴 때 책을 하도 안 읽어서 그런 것 같아요.(웃음)
읽으라는 책은 안 읽고
어딜 그렇게 빨빨거리며 싸돌아다녔는지 참.

그래서 저는 중고등학교 때 공부할 때도
이해보다는
늘 내용을 통째로 외워 버리는
암기 위주로 공부를 했어요.
문해력이 달리니 그럴 수밖에요.
정말 무식하게 공부했죠.

탈무드에 보면 이런 말이 나와요.
"하루 공부하지 않으면, 그것을 되찾기 위해 이틀이 걸리고
이틀 공부하지 않으면, 그것을 되찾기 위해 사흘이 걸리고
1년 공부하지 않으면, 그것을 되찾기 위해 2년이 걸린다"
라고요.

어릴 때 독서를 하지 않아
무식해진 저의 문해력을 만회하기 위해
지금 책을 산더미처럼 쌓아 놓고
10배로 읽고 있답니다.
탈무드의 말처럼, 그것을 되찾기 위해서요.

그러니 우리 학생들은 1살이라도 어릴 때
책을 많이 읽으셔야 해요.
그리고 모르는 단어가 나오면
꼭 국어사전 찾아서 노트에 정리하시고요.

글을 읽고 이해하는 능력이 좋아질수록
당신의 삶은 더욱 풍요로워질 거예요, 분명.

왜 우리는 어릴 때 자주 아팠을까요?

저는 어릴 때 구내염을 달고 살았고
머리도 자주 아프고
감기에도 자주 걸렸습니다.

하지만 매일 아침 채식을 하고
건강 관리를 한 이후로는
감기 한 번 걸려 본 적이 없습니다.
(근데 코로나는 두 번이나 걸렸네요.(웃음))

우리가 어릴 때 자주 아팠던 이유는
학교 앞 문방구점에서
매일 불량 식품을 사 먹고
과자, 탄산음료 등 몸에 안 좋은 음식만
왕창 먹었기 때문입니다.

아프면 서럽고 외롭고 고통스럽습니다.
건강을 잃으면

부와 명예는 아무 쓸모가 없게 됩니다.
몸이 심하게 아파 본 사람은
건강에 안 좋은 음식은 입도 대지 않습니다.

그러니 매일 아침 채식을 해서
몸을 가볍게 해 주고
(데쳐서 먹어야 소화가 잘돼요.)
한 끼는 고기, 생선, 채소, 해조류가
골고루 차려진 백반으로 드시고
나머지 한 끼는 본인이 먹고 싶은 걸 드세요.
너무 또 건강! 건강! 하느라
먹고 싶은 걸 못 먹으면
그건 또 그거대로 스트레스를 받으니까요.
그리고 자주 달리기를 해서
몸 안에 독소를 배출해 주시고요.

이렇게만 해도 아플 일이 거의 없습니다.
아프고 나서 후회하면 그땐 이미 늦으니
건강은 미리미리 챙겨야 해요.

강연 시간에 갑자기 나에게 질문하면 떨려요

우리는 강연을 들을 때
가끔 강사님들로부터 질문을 받습니다.
강사님이 나를 지목하고 질문을 했는데
대답을 못 하면 뭔가 창피하고
내 스스로가 초라해집니다.
수강생이 많으면 많을수록 더 초라해지게 되죠.
이런 내 모습이
'남들에게 우습게 비치진 않았을까?'
걱정하며 스트레스를 받게 됩니다.

그러니 강사님이 나에게 질문했을 때
심장이 떨리며 꿀 먹은 벙어리가 되지 않으려면
강연을 집중해서 잘 듣고
평소에 책을 많이 읽으셔야 합니다.

그리고 집중해서 잘 들었는데도
대답을 못 하겠으면

그냥 "잘 모르겠습니다"라고
자신 있게 대답하세요.
우물쭈물하며 망설이는 것보다는
이 편이 훨씬 낫습니다.

모르는 건 전혀 부끄러운 게 아닙니다.
지금부터라도 배우는 게 중요하니까요.

앞에서 담배를 피우며 걸어가는 사람

길을 걷다 보면
앞에서 담배를 피우며
걸어가는 사람이 있습니다.
그러면 뒷사람이 연기를 다 마시게 됩니다.
코로 담배 연기가 들어오는 순간
너무 화가 납니다.
귀빵맹이를 냅다 후려 버리고 싶은데
매번 참습니다.

참으니 울화통이.

앞에 있는 사람은 뒷사람한테
담배 연기가 간다는 걸 모르는 걸까요?
아니면 알면서도
저렇게 뽕뽕 피워 대는 걸까요?

만약 뒤에 유모차가 있을 경우
담배 연기가 갓난아이에게 다 들어가게 됩니다.

그러니 제발 담뱃불을 붙이기 전에
뒤를 한 번만 돌아봐 주는 센스를
발휘해 주시면 감사하겠습니다.

강박증 다스리기

강박증 때문에 괴로워하는 사람들이 많습니다.
원치 않는 생각에 사로잡혀서
거기서 헤어 나올 수 없는 상태인 거죠.

저 역시 그랬습니다…….

정말이지… 뇌를 뽑아 버리고 싶을 정도로
괴로웠던 적도 있습니다.
"나는 이 생각을 하고 싶지 않은데, 왜 이 생각은 자꾸 떠올라서 나를 괴롭히는 걸까?" 하고 괴로워했습니다.

강박적인 생각은 억제하려고 할수록
더욱 커져 괴물이 되어 버립니다.
이 괴물 때문에 식은땀이 나고, 머리가 아프고,
무기력해져서 아무것도 할 수 없게 됩니다.

그러니 우리는
강박적인 생각이 괴물이 되지 않도록

마음을 잘 다스려야 합니다.

답은 아주 간단합니다.

강박적인 생각이 떠오를 때,
그 생각에 반응을 하지 않으면 됩니다.
그러면 그 생각은 자연스럽게 사라집니다.
완전히 사라지는 것은 아니고
무의식의 영역으로 자취를 감추는 것이죠.

물론 언제든지
무의식의 영역에서 다시 의식의 영역으로
고개를 불쑥 내밀곤 합니다.
하지만 우리는 걱정할 필요가 없습니다.

그 생각에 반응을 하지 않으면 되니까요.

나보다 잘난 사람과 비교하지 마라

지금 당장 내 기분을 잡치게 하는
아주 쉬운 방법이 있습니다.

바로 나보다 잘난 사람과 비교하는 것입니다.

특히
같은 나이 또래의 잘난 사람과 비교하는 순간
내 기분은 더 잡치게 됩니다.
한 번 기분이 잡쳐지면 갑자기 무기력해져서
아무것도 하기 싫게 됩니다.
"저 사람은 저렇게 잘나서 행복하게 사는데, 내 인생은 왜 이 모양 이 꼴일까?"라고 자책할수록
더욱 무기력해질 뿐입니다.

그러니 남과 비교하며
나를 무기력하게 만드는 행위는
지금 당장 그만두어야 합니다.

대신,
내가 가장 좋아하는 취미에 대해
꾸준히 실력을 갈고닦아 보세요,
그럼 그것이 당신의 무기가 될 것입니다.

저 같은 경우는
나도 모르게 잘난 사람과 비교를 하게 되어서
기분이 잡쳤을 때
바로 피아노 앞에 앉습니다.
그리고 제가 가장 좋아하는
쇼팽의 즉흥환상곡을 연주합니다.

곡의 중간 부분에 칸타빌레 부분이 나오는데,
이 부분의 선율이 굉장히 아름답습니다.
이 아름다운 선율에 한 번 힐링을 받고,
"그래, 나는 쇼팽의 즉흥환상곡을 칠 수 있는 남자니까"라
고 찐따 같은 위안을 하며, 또 한 번의 힐링을 받습니다.

이렇게 두 번의 힐링을 받으면
잡친 기분에서 어느 정도 헤어 나올 수 있게 됩니다.

요컨대,
나보다 잘난 사람과 비교를 해서
기분이 잡쳤을 땐
그 잡친 기분에서 빨리 헤어 나올 수 있는
나만의 무기가 있어야 합니다.

나만의 무기는
당신이 가장 좋아하는 취미에 대해
꾸준히 실력을 갈고닦으면 됩니다.

그리고 이걸 꼭 기억하세요!

나보다 잘난 사람을 보게 되면,
그 사람과 나를 비교해서
내 자신을 초라하게 만들거나,
그 사람을 시기 질투하지 말고

얼마나 피나는 노력을 해서
저 위치에 올랐을까를 생각하며
그 사람의 노력을 본받으려고 하세요.

그래야 우리가 성장할 수 있습니다.

복수하지 않고도 마음이 편해지는 방법

이 세상엔 마음이 따뜻하고 선량한 사람이
아주 많습니다.
그들이 이 세상을 밝게 비추기 때문에
이 지구라는 별은 참 아름답습니다.

하지만 비열하고 무례한 사람도
종종 보이곤 합니다.
그리고 그런 비열하고 무례한 사람 때문에
상처를 받는 사람도 종종 보이곤 합니다.

만약 상대의 무례한 행동 때문에
내가 받았던 상처가 아직 아물지 않았다면,
혹은 상대의 무례한 행동 때문에
불쾌했던 기억이 한 번씩 떠올라
내 마음을 괴롭힌다면,
마음속으로 이렇게 되뇌어 보세요.

"나를 오히려 강하게 단련시켜 준 감사한 사람이라고."
"내 정신을 성장시켜 준 감사한 사람이라고."
그럼 마음이 조금은 편해질 거예요.

우리는 힘든 과거가 있기에
지금의 강해진 내가 있는 겁니다.

나에게 상처 준 사람에 대해
복수심에 불타올라 자꾸 분노하게 되면
나만 손해입니다.
분노하면 할수록 부정적인 감정에 휩싸이게 되고
그 감정이 증폭돼서 폭발하게 되면
내 하루를 망치게 될 뿐만 아니라
정신 건강에도 매우 좋지 않습니다.

그러니 "나를 오히려 강하게 단련시켜 준 감사한 사람이라고." 긍정의 말을 해 보세요.

그럼 마음이 조금은 편해질 거예요.

그리고 마음이 조금 편해졌으면
이제 그 사람을 용서하세요.
왜냐하면 용서를 통해
마음의 평온을 얻을 수 있기 때문입니다.

용서라는 것도
나에게 상처 준 사람을 위한 것이 아니라,
내 마음에
더 이상 생채기가 남지 않게 하기 위한
나를 위한 겁니다.
그러니 용서하세요.
우리는 어떠한 일이 있더라도
용서할 수 있습니다.
왜냐하면 신이 그렇게 만들었기 때문이죠,
인간이 마음의 평온을 얻게 하기 위해.

용서를 통해 마음의 평온을 얻고
더 나아가 사랑으로
모든 것을 치유할 수 있습니다.

부디 용서하고 사랑하세요.

말도 안 되는 어려움이 닥쳐왔을 때

바다거북은 알을 낳을 때
자기가 원래 태어난 곳인 모래밭에 가서
알을 낳는다고 해요.
한 번에 100개가 넘는 알을 낳고,
알에서 깨어난 새끼 바다거북들은
본능적으로 바다를 향해 가는데,
그중에 어른으로 살아남는 바다거북은
한 마리 정도밖에 안 된대요.
포식자에게 다 잡아먹히니까요.

참 슬픈 일이죠.

저는 이런 야생의 냉혹함을 볼 때마다
"인간으로 태어난 걸 정말 감사하게 여겨야겠구나"라는 생각이 들어요.

나에게 말도 안 되는 어려움이 닥쳐왔을 때
"살아 있다는 것만으로도 감사합니다",
"숨 쉴 수 있는 것만으로도 감사합니다"라고
되뇌이곤 해요.

신은 우리에게
아무 이유 없이 시련을 주지 않아요.
다 그럴 만한 이유가 있는 것이죠.

그러니 나에게 말도 안 되는 시련이 닥치더라도
"이야, 크게 성장할 수 있는 아주 좋은 기회로구나"라고
생각을 해 버리세요.

당신도, 나도
여태껏 괴롭고 힘든 일이 많았지만
잘 버텨 내고 지금껏 살아왔잖아요.

죽지 않고 잘 버텨 내 준 것만으로도
참 잘했고 고마워요.
그리고 안아 드리고 싶어요.

하루를 좀 더 기분 좋게 보내는 방법

하루를 좀 더 기분 좋게 보내는 방법이
있습니다.

바로 옷을 예쁘게 입고
평소보다 15분 일찍 집을 나서는 것입니다.

일단 옷을 예쁘게 입고 거울을 보면
기분이 좋습니다.
'옷이 날개다'라는 말이 있듯이,
옷을 잘 갖춰 입으면
평소보다 더 예뻐 보이고 잘생겨 보이기 때문에
기분이 설레이고 좋습니다.

그리고 학교를 가거나 출근하기 위해
15분 일찍 집을 나서면 마음의 여유가 생깁니다.
이렇게 여유로운 마음과 산뜻한 기분으로
하루를 시작하면

평소보다 기분이 좋고
일이 잘 풀릴 수밖에 없습니다.

하지만 반대로 옷을 대충 입으면
얼굴이 칙칙해 보이고 못생겨 보여서
기분이 별로입니다.

게다가 부랴부랴 집을 나서면
마음이 조급해져서 실수를 하게 됩니다.
거기에 지각까지 하게 되면
불성실한 사람으로 비치게 되고
하루 종일 기분이 안 좋습니다.

그러니 우리는
하루를 좀 더 기분 좋게 보내려면
옷을 예쁘게 입고,
15분 일찍 집을 나서야 합니다.

일본 최고의 부자인 사이토 히토리님께서도
옷을 예쁘게 입고
마음의 여유를 가지면
진동수가 올라간다고 했습니다.
진동수가 올라가면 행운이 오고
일이 잘 풀리게 됩니다.

상대에게 잘해 줬지만
그 사람과 친해지지 못했다면

친하게 지내고 싶은 사람이 있어서
그 사람에게 친절하게 대하고 잘해 줬지만
그 사람과 친해지지 못했다면
상대를 탓할 것이 아니라
나 자신의 부족함을 돌아봐야 합니다.

나 자신의 부족함에는 여러 가지가 있겠지만,
만약 상대가 속물적인 인간이라면
나의 재산이나 사회적 지위를 보고
사귈지 말지를 결정할 겁니다.
물론 나이가 아주 어린 분이라면
나의 외모를 보고 사귈지 말지를 결정할 겁니다.

하지만 상대가 참된 사람이라면,
나의 인품을 보고
사귈지 말지를 결정할 겁니다.

그러니 참된 사람과
오랜 우정을 간직하고 싶다면
나의 성품을 갈고닦으세요.

하룻밤 자고 나면

큰 걱정이 아니라면,
큰 불안이 아니라면,
큰 스트레스가 아니라면,
웬만한 건 하룻밤 자고 나면
어느 정도 리셋이 됩니다.

그러니 너무 지금 당장의
눈앞의 걱정에 매몰되어
크게 괴로워하지 않았으면 합니다.

지금 당장은 해결책이 안 보여도
하룻밤 지나면
어제는 떠오르지 않았던 좋은 생각이
오늘 갑자기 떠오를 때가 있습니다.
어제는 두려워서 전혀 용기가 나지 않았는데
오늘 갑자기 용기가 생길 때가 있습니다.

이렇게 시간이 조금씩 지나면서
길이 조금씩 보이고
해결책이 조금씩 보이는 법입니다.

우리에게 해결하지 못할 문제란 없습니다.
단지, 어려울 뿐입니다.

그러니 너무 지금 당장의
눈앞의 부정적인 생각에 매몰되어
크게 괴로워하지 않았으면 합니다.

생각만 해도 설레이고 가슴 뛰는 일을 하세요

생각만 해도 설레이고 가슴 뛰는 일을 하세요.

하기 싫은 일을 억지로 하며 살기엔,
인생은 단 한 번뿐입니다.

이 세상에는 수많은 직업이 있습니다.
이 수많은 직업 중에서
내 적성에 맞는 일이
분명 한 가지는 존재합니다.
내 인생이 아직 행복하지 않다면
그 한 가지를 아직 찾지 못했기 때문입니다.

그러니 그 한 가지를 찾는 것이
우리 인생의 급선무입니다.

그 한 가지를 찾기 위해
책도 많이 읽어 보고,

많은 경험과 도전을 해 보세요.
그러다 보면 내 가슴을 설레게 하고 뛰게 하는
그 한 가지를 찾을 수 있습니다.

그 한 가지를 찾으면,
내가 일찍 일어나려고 노력하지 않아도
알아서 눈이 자동으로 떠져 일찍 일어나게 되고,
밥 먹는 시간도 잊은 채
그 일에 몰두하게 됩니다.

그렇게 몰두하고 즐기는 동안
빛이 나오게 되는데
그 빛이 분명 당신에게
부와 명예, 그리고 행복을 선물해 줄 거예요.

아침은

아침은 하루 중에 가장 정신이 맑고
머리가 맑은 상태입니다.
(늦잠을 자지 않았다는 전제하에서요.)

근데 아침부터 쓸데없이 스마트폰으로
유튜브 시청을 하거나
인스타그램 피드를 보면
처음엔 잠깐 괜찮을지 몰라도
계속 스마트폰을 보게 됩니다.
볼 게 없는데도 그냥 계속 보게 되죠.
그럼 우리의 눈은 피로해지고 무기력해집니다.

결국,
뭔가를 할 의욕이 떨어지거나 없어지게 됩니다.

그러니 머리가 맑은 아침에는
아이디어를 낸다거나,

뭔가 생산적인 일을 하셔야 합니다.

미국 역사상 가장 다재다능한 인물이었던
벤저민 프랭클린은 "이른 아침은 황금을 입에 물고 있다"
라고 했습니다.

이런 황금 같은 소중한 아침을
스마트폰을 보며 날려 버려서는
안 되겠습니다.

두 번 고통받지 마라

왜 두 번 고통받으세요?

일어나지도 않을 일을 미리 걱정하는 것은
지금 한 번 고통받고,
나중에 우려하던 일이 일어나면
그때 또 고통을 받아야 합니다.

어차피 일어날 일이라면
한 번만 고통받는 게 낫지 않겠어요?(웃음)

그러니 미리 걱정하느라
현재까지 괴로워하며 살지 마세요.
현재를 즐기고 집중하다 보면
당신의 앞날은 좋은 일로 가득할 거예요.

이것저것 하지 말고 하나를 완벽히 하세요

뭔가를 할 때 이것저것 하지 마세요.
일단 하나만 하세요.

다른 것이 하고 싶다면
일단 하나를 끝내 놓고 하세요.
하나도 제대로 못 하면서 이것저것 하는 것은
앙꼬 없는 찐빵을 여러 개 만드는 것이며
이것은 곧 자신감 결여로 이어집니다.

정작 중요한 순간에
제대로 할 줄 아는 게 하나도 없다는 생각에
우울해지기까지 합니다.

그러니 일단 하나만 파세요.

가령, 노래 연습을 하면
한 곡을 마스터하기 전까지는

다른 곡은 쳐다도 보지 마세요.
물론 한 곡만 계속 부르면 지루하겠지만
내 음색에 맞는 하나의 노래를 선정해서
그 곡을 수백 번 불러 보면
그 곡에 있어서만큼은
어딜 가도 자신 있게 부를 수 있으며
그 곡에 어느 정도 통달하게 됩니다.

즉 자신감이 생기는 것이죠.

이 자신감이라는 것은 굉장히 중요합니다.
좋은 운을 불러다 주기 때문이죠.

노래뿐만이 아니라 모든 게 그렇습니다.
하나만 제대로 할 줄 알아도
어디 가서 기죽을 일이 없습니다.

반대로 말하면
하나도 제대로 할 줄 아는 게 없다 보니
기가 죽는 겁니다.

그러니 하나를 완벽히 마스터하기 전까진
한눈팔지 마세요.

"반복에 지치지 않는 자가 승리한다"라는 격언이 있습니다.

그리고 절권도의 창시자이자
전설의 액션 스타인 이소룡은
이렇게 말했습니다.
"만 개의 발차기를 할 줄 아는 사람은 무섭지 않지만, 하나의 발차기를 만 번 연습한 사람은 무섭다"라고요.

오늘 밤만큼은

우리는,
고민이 있으면 밤에 잠을 못 잡니다.
걱정이 있으면 밤에 잠을 못 잡니다.

근심 걱정에 빠져들수록
머리는 복잡해서 터져 버릴 것만 같고
몸에선 식은땀이 흐릅니다.

그 생각에 빠져들면 빠져들수록
더욱 그 생각에서 헤어 나오기 어렵습니다.

그러니 떠오르는 생각에 반응하지 말고
근심 걱정 모두 내려놓으시고
"뭐, 어떻게든 되겠지"라고 가볍게 미소 지으며
오늘 밤만큼은 편히 잠들었으면 좋겠습니다.

독서 안 하면 안 되나요?

책 속에는 수많은 지식과 지혜가
숨겨져 있습니다.
게다가 집 근처에 있는 도서관에 가면
이 수많은 지식과 지혜를
공짜로 얻을 수 있습니다.

그런데도 책을 안 읽으실 건가요?(웃음)
공짜로 얻을 수 있는데도요?

내가 금수저로 태어난 게 아니라면,
내가 예체능에 특별한 재능이 있는 게 아니라면,
책을 읽는 편이 당신의 신상에 좋을 거라는
생각이 듭니다.(웃음)

저는 지금은 커피를 끊었지만,
아침에 아이스아메리카노 한 잔을 마시며
내가 좋아하는 책을 읽으면

마음이 풍족해지는 느낌이 듭니다.
마음이 풍족해지면 결국,
물질적으로도 풍요로워지는
진짜 부자가 되지 않겠어요?

그리고 저는 독서를 하기 전에는
매번 어리석은 선택만 해 왔습니다.
똥인지 된장인지도 구분 못 하는
바보 천치였죠.

하지만 지금은 독서를 통해
바보 천치는 면했습니다.(웃음)
게다가 꿈과 목표를 향해
넘어지고 깨지더라도
끝없이 도전하는 패기를 배웠습니다.

그러니 우리 한 번 독서를 해 보자고요.

주식투자의 귀재인 워렌 버핏은
"자신의 인생을 가장 짧은 시간에 가장 위대하게 바꿀 수 있는 방법은 인류가 여태껏 발견한 방법 중에 독서만큼 좋은 것이 없다"라고 했습니다.

그리고 중국 송나라 때
고위 관료이자 문필가였던 왕안석은
"가난한 사람은 책으로 부자가 되고, 부자는 책으로 존귀하게 된다"라고 했습니다.

성공한 사람의 조언만 들으세요

사회 생활을 하다 보면
남의 인생을 함부로 재단하고
남의 꿈을 폄하하는 사람들이 있습니다.
하지만 그런 사람들은 다 실패한 사람들입니다.
자기가 성공해 보지 못했으니
자기의 실패를 합리화하며
남의 인생에 대해 왈가왈부하는 것이죠.

성공한 사람들은
절대로 남의 꿈을 비웃거나
비아냥거리지 않습니다.

꿈을 이루기 위해 노력하며 흘리는 땀방울이
얼마나 소중한 것인지 알기 때문이죠.

그리고 그 실패한 인생을 사는 사람들은
다 꿈이 없는 사람들입니다.

꿈을 이루기 위해
조금이라도 노력해 본 사람이라면
절대로 남의 꿈을 함부로 폄하하지 않습니다.

그러니 성공한 사람(꿈을 이루기 위해 노력하며 흘리는 땀방울이 얼마나 소중한지 아는 사람)의 조언만 들으세요.

실패한 사람(꿈이 없는 사람)의
충고와 비아냥을 듣느라
내 의지가 꺾이는 일이 생겨선 안 됩니다.

상처가 없는 사람은 없습니다

사람은 누구나 모양과 크기는 다르지만
저마다의 상처를 가지고 살아갑니다.

겉보기에 엄청 행복해 보이는 사람도
우리가 상상할 수 없는 큰 아픔을 간직한 채
살아가고 있는 사람들이 많습니다.
그러니 나만 불행한 사람인 것처럼
괴로워하지 마세요.

모두가 자신만의 방법으로
그 상처를 이겨 내고 있는 중입니다.

내가 상처를 받았으니
누군가에게 '너도 똑같이 당해 봐라'가 아니고
내가 누군가에게 베푼 작은 배려와 친절이
그 누군가에게는 상처를 치유하는
마법의 물약이 될 수도 있습니다.

고대 그리스의 철학자였던
플라톤 할아버지께서도
"모두가 저마다 힘든 싸움을 하고 있으니, 만나는 사람에게 친절하게 대하라"라고 했습니다.

그러니 친절을 베푸세요.
나의 작은 친절이 누군가에게는
인생을 바꿀 만큼 큰 힘이 될 수도 있습니다.

그리고 내가 누군가에게 베푼 친절이
언젠가는 반드시
내게 보물이 되어 돌아온다는 것
잊지 마세요.

내가 아끼는 사람이
꿈을 이룰 수 있게 해 주는 방법

내가 아끼는 사람이 있다면,
그리고 그 사람이 뭔가를 향해 도전하고 있다면
자꾸 꼬치꼬치 캐묻지 마세요.

그냥 묵묵히 그 사람을 믿어 주는 것이
가장 큰 응원이랍니다.

조언을 해 준다고 생각하고
자꾸 꼬치꼬치 캐묻거나
'이래라저래라' 부담을 주게 되면
그 사람은 꿈에 집중을 할 수가 없게 돼요.
마음속에 부담이 자리 잡기 때문이죠.
이 부담이 한 개일 때는
별것 아닌 것처럼 보여도
두 개… 세 개…
점점 늘어나 여러 개가 되면
이 부담들이 화학 작용을 거쳐
불안이라는 감정을 만들어 내게 돼요.

결국,
불안이 생성되면
그 사람은
꿈에서 더욱 멀어질 수밖에 없게 되는 것이죠.

그러니 내가 아끼는 사람이
뭔가를 향해 도전하고 있다면
그냥 그 사람을 묵묵히 믿어 주세요.

묵묵히 믿어 주는 것은
대단한 힘을 발휘합니다.

그리고 나중에 그 사람이 꿈을 이뤘을 때,
묵묵히 믿어 준 당신에게
참 고마워하며 행복을 선물해 줄 거예요.

성대

제가 중고등학생 때는
⟨Tears⟩, ⟨She's gone⟩, ⟨say yes⟩ 등등
이런 초고음의 노래들이
노래방에서 엄청 유행했어요.
많은 학생들이 열창을 하며 불렀죠.
저도 친구들 앞에서 뽐내고 싶어서
올라가지도 않는 음을
무리해서 부르곤 했습니다.

하지만 문제가 생겼죠.
저음에서는 제 목소리로 부르다가
고음에서는 가성에 힘을 줘서 부르는
잘못된 발성법(중음이 비는 반가성)으로
노래를 계속 불렀는데,
이렇게 중고등학생 내내
잘못된 발성법으로 노래를 부르니
어느 날 성대가 맛이 가 버리더라고요.

아예 저음도 노래가 안 되고
평소 말을 할 때도
음 이탈과 쉰 목소리가 자주 나고
숨이 차는 증상이 생기더라구요.
그래서 노래를 10년 넘게 안 부르다가
30대에 다시 노래 커버를 해 보고 싶어서
한 1년 정도 맹연습을 하고
커버 영상을 올리기 시작했는데
예전에 손상됐던 성대의 느낌이
여전히 남아 있더라고요.
10년이 지났는데도
성대가 회복이 안 된 걸 보고
참 우울하더라고요.
그리고 지금도 말을 할 때
음 이탈과 쉰 목소리가 나고
숨이 차는 증상이 있을 때가 있습니다.
글을 읽을 땐 더 심하고요.

긴장을 하면 더욱더 심해집니다.

그러니 지금 변성기를 보내고 있는
우리 학생들은 고음을 낼 때
절대로 가성에 힘을 줘서 노래를 부르는
잘못된 발성법(중음이 비는 반가성)으로
노래를 부르시면 안 됩니다.

고음을 뽑아낼 때는
알맞은 소리의 길로 내야 합니다.
노력을 해서
이 알맞은 소리의 길을 뚫어야 하는데,
그렇지 않고
그냥 빨리 남들 앞에서 뽐내고 싶은 마음에
가성에 힘을 줘서 고음을 내는
잘못된 발성법으로 노래를 계속 부르면
성대가 마모돼서 치료가 매우 어려운
성대구증 등의 성대 질환이 생길 수 있습니다.

그리고 변성기 때 성대가 한 번 망가지면
평생 망가진 성대로 살아야 할 수도 있습니다.

물론 변성기가 지난 이후에는
잘못된 발성법을 사용해도
괜찮을진 모르겠습니다.
하지만 변성기 때는 절대로 안 됩니다.
변성기 때 가성에 힘을 줘서 고음을 내는
잘못된 발성법(중음이 비는 반가성)으로
중고등학교 내내 노래를 부르게 되면
성대가 분명 손상됩니다.

그러니 변성기 때는 성대 관리를 잘하셔서
성인이 되어서도
좋은 목소리를 유지하셨으면 좋겠습니다.

불안한 생각과 걱정

갑자기 떠오르는 불안한 생각과
일어나지도 않을 일을 미리 걱정하는 것만
잘 관리해도
우리는 하루를 적당히 기분 좋은 상태로
잘 보낼 수 있습니다.

갑자기 떠오르는 불안한 생각에 한 번 빠지면
그 생각은 꼬리에 꼬리를 물고 계속 이어집니다.
그러면 온몸은 무기력해지고 괴롭습니다.

그러니 제발 갑작스럽게 떠오르는 불안한 생각에
반응을 하지 마세요.
알아서 사라지도록 내버려 두세요.

걱정도 마찬가지입니다.
일어나지도 않을 일을 미리 걱정하고 있다면
지금 그 생각을 멈추세요.

그 생각에 반응을 하지 말라는 이야기예요.
그러면 알아서 사라지니까요.

제가 근 10년간
일어나지도 않을 일을 미리 걱정한 것 중에
실제로 일어난 건 단 하나도 없었습니다.
단 하나도요.
즉 쓸데없이 제 몸과 마음에
고통을 준 셈입니다.
제가 스스로 없는 걱정을 만들어 내서
스스로 괴롭히는 꼴이 되어 버린 것이죠.

그러니 제발 갑자기 떠오르는 불안한 생각을
자꾸 해결하려고 그 생각에 빠지지 말아요.

일어나지도 않을 일을 미리 걱정하는
그 생각에 매몰되지 말아요.

그냥 가만히 내버려 두세요.

반응하지 않으면 알아서 사라지니까요.

정신 병원에 가야 할 사람

정작 정신 병원에 가야 할 사람은
무례하고 비열한 자들인데,
그들로부터 상처를 받은
마음이 여리고 착한 사람들이
신경정신과에 가서
약을 먹고 치료하는 경우가 있습니다.
정신 병원에 가서
자신의 못된 마음을 교화시키고
개과천선해야 할 사람은
바로 이 무례한 잡것들인데 말이죠.

그래서 신께 이렇게 기도드립니다.

세상의 모든 꾸정물을 다 퍼낼 수는 없지만
제가 가는 길에 마주치는 쓰레기들 정도는
치워 버릴 수 있게
지혜와 용기를 달라고요.

아무 이유 없이 불안하다면

스마트폰, TV, 노트북에 빠져 살고
과자, 탄산음료, 패스트푸드를 잔뜩 먹고
자기 전에 스마트폰을 새벽까지 보며
잠을 제대로 못 자면

제아무리 강인한 사람일지라도
불안에 노출될 수밖에 없습니다.
그리고 우울할 수밖에 없습니다.

그러니 내가 아무 이유 없이 불안하다면
위의 말을 잘 상기해 보셨으면 합니다.

스무 살이 된 동생들에게 해 주고 싶은 말

고등학교 때까지는 그래도
공부를 열심히 했던 것 같아요.
잘하는 건 아니었고
그냥 인서울 겨우 할 정도로요.

하지만 저는 대학교에 와서
완전히 놀아 버렸어요.
공부는 뒷전인 채,
매일 친구들과 어울려 술 퍼마시고
헌팅 술집에 가서 흥청망청 술 퍼마시고
나이트클럽에 가서
담배를 한 갑씩 피워 대며
부킹 온 여자들과 하나 마나 한 얘기들을 하며
시간을 허비하고
친구 자취방에서 섯다나 포커를 치며
시간을 허비하고
채팅 앱에 빠져 허송세월하며
그렇게 20대를 보냈습니다.

아주 엉망으로 살았죠.
외모만 예쁘게 꾸밀 줄 알았지,
내면은 아주 형편없는 놈이었습니다.

20대는 자신의 꿈을 위해 도전하고
여러 가지 책을 읽으며 지식과 지혜를 쌓고
여행을 다니며 좋은 경험을 쌓아야 할 시기인데
저는 전혀 그러질 못했어요.

아무런 꿈이 없었으니까요….

이렇게 아무런 꿈도 목표도 없이 방황하다가
정신을 차려 보니
어느새 나이는 20대 후반이 되어 있었고
대학교 자퇴생에
잉여 인간이 되어 있었습니다.

인생을 포기하고 싶었지만
늦게나마 꿈이라는 게 처음으로 생겨서
그 꿈에 도전하고 있는 중이에요.

그러니 이제 막 스무 살이 된 우리 동생들은
절대로 저와 같은 어리석은 20대의 삶을
단 하루도 보내선 안 되며
절대로 저와 같은 전철을 밟지 말고
꿈을 가지라고 얘기해 주고 싶어요.

꿈을 가져야 열정이 생기고
열정이 생겨야 뭔가를 이룰 수 있습니다.

보물 상자

"열어 보지 않은 보물 상자는 그냥 네모난 상자일 뿐이다"
라는 말이 있습니다.

우리는 꿈이 있음에도 사소한 실패에 좌절하며
더 이상 도전하지 않고 꿈을 포기해 버립니다.
또 꿈을 좇다가 현실의 벽에 부딪혀
생계 유지를 하느라
꿈을 포기하는 경우도 있습니다.

동서고금을 막론하고 성공한 사람들은
어떠한 일이 있어도 꿈을 포기하지 않았습니다.

고대 로마의 작가이자 풍자 시인이었던
푸블릴리우스 시루스도
"시도해 보지 않고는 누구도 자신이 얼마만큼 해낼 수 있는지 알지 못한다"라고 했습니다.

그러니 어떠한 곤란한 상황이 와도
절대 꿈을 포기하지 말아요.

개선하고, 개선하고, 또 개선하다 보면
언젠가는 자신의 보물 상자를 열 수 있을 거라 믿어요.

[에필로그]

우주에서 가장
아름다운 별이 될 거예요

일단 변변치 못한 제 글을 끝까지 읽어 주셔서
진심으로 감사의 말씀 드립니다.
처음에는 그냥
제 스스로를 위로해 주는 마음으로
노트에 몇 자 적거나,
"이런 상황에선 이렇게 대처하면 좋을 것 같아"라는 생각으로 노트에 조금씩 적어 나갔는데
그렇게 쓰다 보니
분량이 어느 정도 채워지면서
제대로 글을 써 봐야겠다는 생각이 들었어요.
그래서 다시 처음부터 하나하나 다듬어 가면서
이렇게 하나의 완성된 글을 쓰게 되었네요.

글을 읽고 어떤 마음이 드셨을까요?
제 글이 독자분들께 어떤 의미로 다가갔을까요?

글을 쓰면서도
제가 감당이 안 되는 것들은 지워 버리거나,
다 써 놓고도 원고에 넣질 않았어요.
왜냐하면 이런 것들은
제 마음을 불안하게 만들기 때문이죠.
아무리 애를 써도
불안이 통제가 안 될 때가 있어요.
저는 그럴 때마다
그 생각에 반응하지 않으려고 노력해요.
그 생각에 반응하지 않으면
자연스럽게 사라지거든요.
완전히 사라지는 것은 아니고
무의식 속으로 들어가는 것이죠.
물론 언제든지 의식의 영역으로 넘어와서
저를 괴롭힐 테지만요.(웃음)

인간은 한 번 경험한 건 절대 잊혀지지 않고
무의식 속에 저장이 돼요.

그러니 늘 좋은 것만 보고,
늘 좋은 것만 듣고,
늘 좋은 것만 경험하길 바래요.

우리는 모두 행복해지기 위해 태어난 존재에요.
그러니 결코 불행해져선 안 돼요.

당신에게 어떤 시련이 와도
"나는 이 문제를 해결할 수 있다"라는
마음을 갖는 게 중요해요.
포기하지만 않으면
반드시 방법이 있는 법이니까요.

그리고 그렇게 시련을 이겨 내고
꿈을 이뤄 행복한 사람이 많아진다면
이 지구라는 별은 반짝반짝 빛이 날 테고
우주에서 가장 아름다운 별이 될 거예요.